Erich Weber   (Hrsg.)
Zur moralischen Erziehung in Unterricht und Schule

D1720833

ERICH WEBER (Hrsg.)

Zur moralischen Erziehung in Unterricht und Schule

Pädagogische und psychologische Überlegungen

Mit Beiträgen von Erich Weber, Ferdinand Kopp, Rolf Oerter, Hans Giehrl, Siegmund Gehlert, Walter Freyn

VERLAG LUDWIG AUER DONAUWÖRTH

2. Auflage. 1974
© by Verlag Ludwig Auer, Donauwörth. 1973
Alle Rechte vorbehalten
Gesamtherstellung: Druckerei Ludwig Auer, Donauwörth
ISBN 3-403-00368-X

INHALT

Vorwort

Die im vorliegenden Band vereinten Beiträge befassen sich mit jenem pädagogischen Fragenkreis, den man herkömmlich meist durch Formulierungen folgender Art kennzeichnet: Erziehung und Unterricht, erziehender Unterricht, Verknüpfung der Lehraufgaben mit Erziehungsaufgaben, Einheit von Wissen und Haltung, erzieherische Potenzen des Schullebens, sittliche Erziehung in der Schule, u. a. m. (Es geht dabei nicht um den als eigenes Schulfach konzipierten, sogenannten Ethik-Unterricht, der neuerdings wieder diskutiert und postuliert wird.)

Im Titel des Bandes wird von „moralischer" und nicht von „sittlicher" Erziehung in Unterricht und Schule gesprochen. Es geschieht im Wissen darum, daß beide Ausdrucksweisen häufig synonym verwendet werden. Wenn hier der Terminus „moralisch" bevorzugt wird, hat dies folgende Gründe: Erstens wurde und wird sittliche Erziehung nicht selten nur als Erziehung zur Sitte im kollektiven und überlieferten Sinne verstanden, also auf bloße Sozialisationshilfe reduziert, so daß dann die personale, an Mündigkeit und Emanzipation interessierte Dimension der Erziehung, auf die es heute besonders ankommt, nicht gebührend berücksichtigt wird. Zweitens ist es geboten, daß auch die Pädagogik, wie die übrigen Sozialwissenschaften, sich an der internationalen Diskussion beteiligt. Das setzt voraus, daß man — wenn möglich — die Terminologie aufeinander abstimmt, was im vorliegenden Falle für die Formulierung „moralische Erziehung" spricht, weil es zu dieser Bezeichnung im angelsächsischen Sprachgebrauch einen entsprechenden, dort üblichen Fachausdruck (moral education) gibt.

Moral darf dabei allerdings nicht in einem lustfeindlichen und repressiven Sinne mißverstanden werden. Moral meint den Inbegriff der verbindlichen Sollensregeln der Zusammenlebenden, also jene Ordnung, die unser Leben zu einem menschlichen Leben macht, im Sinne dessen, was als gut erkannt wird. Mit Moral wird ein Zweifaches gemeint: „Das, was sich in einer Gesellschaft als geltendes Normgefüge herausgebildet hat — und das, was der Idee der Humanität wirklich entspricht. Das erstere kann man empirisch erfassen. Es gehört in den Bereich der soziologischen Faktizität. Das zweite geht in dieser keineswegs auf. Es kann dieser sogar widersprechen" (S. H. Pfürtner 1972, S. 257)*. Das moralische Verhalten entspringt jeweils aus einer von Vernunft und Solidarität bestimmten Auslegung der betreffenden Situation, in der die Handelnden den mit der Situation gegebenen normativen Ansprüchen zu entsprechen trachten. Menschliches Leben und Zusammenleben gelingt nicht instinkt- und zufallsbedingt, sondern ist auf normative Regelung angewiesen. Zur Herstellung geordneter und menschenwürdiger Beziehungen zwischen einzelnen und Gruppen sind Überzeugungen über das rechte Leben erforderlich. Solche verbindlichen Wertvorstellungen und Werteinstellungen werden gelernt. Dazu sind erzieherische Hilfen nötig. Diese absichtlichen Lernhilfen bedürfen dann der Institutionalisierung, wenn sich die unverzichtbaren Lernprozesse nicht mehr zureichend von selbst im Umgang der Generationen vollziehen.

Die Notwendigkeit einer institutionalisierten moralischen Erziehung — insbesondere in der Schule — wird heute allgemein anerkannt, ja z. T. sogar als zentrale pädagogische Aufgabe hervorgehoben (vgl. z. B. H. Roth 1971, S. 381 ff.). Dennoch wird gegenwärtig die moralische Erziehung in der Theorie und Praxis der Schulpädagogik bedenklich vernachlässigt. Dafür lassen sich vor allem folgende Gründe nennen. Die moderne soziokulturelle Gesamtsituation ist von einem zunehmenden Wertpluralismus und einer fortschreitenden Dynamisierung bestimmt, aus denen eine allgemeine normative Unsicherheit und

---

* Nähere bibliographische Angaben zu den in Klammern eingefügten Quellenangaben (Verfassername, Erscheinungsjahr und z. T. auch Seitenangaben) sind im Literaturverzeichnis am Ende des Bandes zu finden.

Unstabilität resultiert. Widersprüchliche Wertüberzeugungen und überholte Wertvorstellungen bewirken eine Relativierung der Normen, die die moralische Erziehung „fragwürdig" werden läßt, im Doppelsinn dieses Wortes. Hinzu kommen die schlechten Erfahrungen mit dem penetranten und kleinkarierten verbalen Moralisieren in einem mißverstandenen erziehenden Unterricht und den geringen moralischen Wirkungen der in ihren Möglichkeiten fehleingeschätzten irrationalen Kräfte des Schullebens. Außerdem befürchten manche, daß die moralische Erziehung allzu leicht in Gesinnungsmache und Gewissensmanipulation umschlägt. Aus diesen und anderen Gründen flüchten viele Lehrer in eine vermeintlich wertneutrale Wissens- und Leistungsschule. Weil die Zielfrage unbeantwortet bleibt, setzt man alle Hoffnung auf die Perfektion der Mittel. Normative Probleme, die mit jeder Erziehung verbunden sind, werden aber nicht dadurch bewältigt, daß man sie vernachlässigt.

Es ist deshalb an der Zeit, daß auch hierzulande — ähnlich wie in den USA (vgl. G. R. Schmidt 1971, S. 31 ff.) — eine verstärkte Neubesinnung in bezug auf die moralische Erziehung in Unterricht und Schule einsetzt. Die im vorliegenden Band vereinten Beiträge möchten als Versuche zu einer solchen Neuorientierung verstanden werden. Sie sind weder aus einem gemeinsamen Konzept hervorgegangen, noch mit systematischer Absicht geschrieben worden. Es sind vielmehr voneinander unabhängige Versuche, in denen Autoren verschiedener wissenschaftlicher Herkunft von dem Bemühen bestimmt waren, über die Voraussetzungen, Aufgaben, Möglichkeiten und Schwierigkeiten der moralischen Erziehung in Unterricht und Schule nachzudenken. Die Vereinigung dieser Texte ergibt keine systematisch geschlossene Studie, sondern lediglich ein unvollständiges Spektrum von pädagogischen und psychologischen Überlegungen, die einzelne bedeutsame Aspekte der umfassenden Gesamtthematik ansatzweise erschließen.

E. Weber bemüht sich einleitend um eine Klärung der zentralen und fundamentalen Begriffe und Sachverhalte der moralischen Erziehung. Dabei geht es ihm vor allem um die Unterscheidung ihrer beiden Hauptformen der Sozialisations- und Personalisationshilfe sowie um die Diskussion der Zielfrage. Erst von diesen Vorfragen aus lassen sich die Verwirklichungsversuche und Erfolgsaussichten der moralischen Erziehung in Unterricht und Schule sinnvoll erörtern.

F. Kopp fragt nach den erziehlichen Aufgaben für Unterricht und Schule in der Gegenwart. Sein Entwurf eines entsprechenden Lernzielkataloges, der kognitive, personale und soziale Dimensionen umfaßt und stets auf die Unterrichts- und Schulwirklichkeit konkret bezogen wird, enthält nur solche normative Ansprüche, die auch in einer pluralistischen Gesellschaft mit einem Konsensus aller Vernünftigen rechnen dürfen.

R. Oerter plädiert aus psychologischer Sicht für eine Erziehung in den Schulen, die auf eine Vermehrung der möglichen Freiheitsgrade des Menschen in einer demokratischen Gesellschaftsordnung abzielt. Zum Aufbau der dafür erforderlichen Wertstrukturen sind nicht alle Lernprinzipien und -vorgänge geeignet. Im Anschluß an empirische Untersuchungen von O. J. Harvey und seinen Mitarbeitern wird zunächst jener Erziehungsstil dargestellt, dessen symmetrische Interaktionsformen optimale Bedingungen und Förderungen für eine zunehmende individuelle und gesellschaftliche Mündigkeit bieten. Anschließend werden die Konsequenzen für die curriculare Planung und Realisierung aufgezeigt.

H. Giehrl demonstriert am Aufsatzunterricht, wie die Sprachgestaltung zur sprachlichen Mündigkeit und damit zur sozialen Emanzipation beizutragen vermag. Dieser Text belegt exemplarisch die moralpädagogische Relevanz der Fachdidaktik, die es im Hinblick auf die verschiedenen Schulfächer zu erkennen und zu aktualisieren gilt.

S. Gehlert befaßt sich aus psychologischer Sicht mit der

Entwicklung des moralischen Bewußtseins und Verhaltens. Er referiert, unter Einbeziehung methodologischer Überlegungen, über den neuesten internationalen Stand der empirisch fundierten Konzepte zur moralischen Entwicklung. Dabei wird deutlich, wie stark das moralische Bewußtsein und Verhalten vom sozialen Milieu abhängt und von welchen Erziehungsverhältnissen das Erreichen des Stadiums autonomer Moral begünstigt wird.

W. Freyn berichtet über pädagogisch bedeutsame, von Lehrern und Erziehern bisher jedoch zu wenig beachtete Experimente und Ergebnisse der psychologischen Einstellungsforschung. Die daraus abgeleiteten Theorien lassen erkennen, unter welchen komplizierten Bedingungen Werteinstellungen entstehen und verändert werden können. Dabei stellt sich heraus, daß manche, einem naiven pädagogischen Selbstverständnis angemessen erscheinende Erziehungsmaßnahmen, mit denen man Einstellungen zu beeinflussen versucht, das Gegenteil von dem erreichen, was erwartet wird.

Die im vorliegenden Band vereinten Überlegungen beabsichtigen nicht, für die Praxis unmittelbar brauchbare Rezepte anzubieten. Sie wollen jedoch dazu beitragen, solche grundsätzliche Einsichten zu vermitteln, die es dem Lehrer und Erzieher ermöglichen, sein Handeln in der Schulwirklichkeit selbst rational zu begründen und kritisch zu überprüfen. Wer sich umfassender und gründlicher orientieren will, dem erleichtern die angefügten Literaturangaben den Zugang zum weiterführenden Schrifttum.

Der Herausgeber verbindet mit der Hoffnung, daß von den hier vorgelegten Abhandlungen fruchtbare Impulse auf die moralische Erziehung in Unterricht und Schule ausgehen, den Dank an die Autoren, die ihre Aufsätze für diesen Sammelband zur Verfügung gestellt haben.

Erich Weber

I. Erich Weber

Grundfragen und Grundbegriffe der moralischen Erziehung in Unterricht und Schule

1. Grundlegende Begriffserklärungen*

1.1 Erziehung (im weiten und allgemeinen Sinne)

Der Mensch ist von Natur aus ein Kulturwesen. Seine kulturelle Lebensweise ist ihm jedoch weder gebrauchsfertig angeboren, noch entwickelt sie sich biomechanisch. Der Mensch muß seine kulturelle Lebensform erlernen. Dieser umfassende Lernprozeß, durch den er die Kenntnisse und Fähigkeiten, aber auch die Wertüberzeugungen und Normen erwirbt, die zur humanen Daseinserhellung, -bewältigung und -bereicherung erforderlich sind, wird als *Enkulturation* bezeichnet. Sie begnügt sich, zumindest in ihren anspruchsvollen Formen, nicht mit der bloßen Anpassung an die jeweils gegebene Kultur und deren nur reproduzierende Tradition, sondern aktiviert zugleich jene kulturelle Produktivität und Kreativität, die über das Nachschaffen hinaus zum Neuschaffen kultureller Gebilde erforderlich sind.

Enkulturationsprozesse finden auch ohne erzieherische Unterstützung statt, z. B. dann, wenn der einzelne selbständig durch Nachahmung und Angleichung oder durch eigenes Probieren und Überlegen lernt. *Erziehung* ist beabsichtigte Enkulturationshilfe, also jenes soziale Handeln, das Hilfen beim Lernen der kulturellen Lebensweise bieten will. Sie ist dort erforderlich, wo einzelne oder Gruppen notwendige bzw. wünschenswerte Lernprozesse auf sich allein gestellt nicht zureichend zu bewältigen ver-

---

* Eine ausführlichere Explikation und Begründung der folgenden Grundbegriffe sowie weiterführende Literaturhinweise sind zu finden in E. Weber, 1972b, 1. Bd., 2. Kapitel.

mögen. Dabei kann man zwischen informell-situativen und formell-institutionalisierten Formen der Erziehung unterscheiden. Zu letzteren zählen die in Schulen als Unterricht organisierten Lernhilfen.

1.2 Unterricht

Unterricht ist jene Form der Erziehung (im umfassenden Sinne der Enkulturationshilfe), bei der man sich um eine in Schulen (oder anderen Ausbildungs- und Bildungsinstitutionen) organisierte Auslösung, Steuerung und Kontrolle von systematisierten, methodisierten und ökonomisierten Lernprozessen bemüht. Bei diesen zweckrationalen unterrichtlichen Lernhilfen geht man so vor, daß alle „Mittel" zur Erreichung der erstrebten „Zwecke" möglichst optimal eingesetzt werden.

Zumindest in den sogenannten „allgemeinbildenden Schulen" zielen die unterrichtlich organisierten Lernhilfen nicht nur auf die Steigerung von Wissen und Können (= Lehrauftrag) ab, sondern auch auf die Aneignung von Werteinstellungen und Normen sowie auf ein ihnen entsprechendes Verhalten (= Erziehungsauftrag, im engeren Sinne der moralischen Erziehung).

1.3 Erziehung (im engeren Sinne der moralischen Erziehung)

Von Erziehung wird nicht nur im weiten, umfassenden Sinne der Enkulturationshilfe, sondern auch im engeren, speziellen Sinne der moralischen bzw. sittlichen Erziehung gesprochen. Letztere wird z. T. auch als Charaktererziehung, Gewissenserziehung und Erziehung zur Verantwortung bezeichnet (vgl. z. B.: C. M. Beck, u. a. 1971; M. Buber 1953; O. Dürr 1962; K. Hahn, o. J.; F. Kümmel 1968; W. Klafki 1964; H. Roth 1971; K. Schaller 1966; H. Schaal 1968; E. Spranger 1963).

Der moralischen Erziehung wird gegenwärtig wieder eine zentrale Bedeutung zuerkannt. Erziehung zur mündigen, moralischen Handlungsfähigkeit gilt als pädagogisches

„Schlüsselproblem" (H. Roth 1971, S. 381). „Die Forderung, daß Auschwitz nicht noch einmal sei, ist die allererste an Erziehung" (Th. W. Adorno 1971, S. 88).

Unter *moralischer Erziehung* versteht man jene Lernhilfen, die auf die normative Dimension der kulturellen Lebensweise bezogen sind. *Normen* sind Werte mit Sollenscharakter, d. h. verbindliche Verhaltensmuster, die eine soziale Bedeutung haben, also das Tun und Lassen der Mitglieder einer Gesellschaft bzw. Gruppe regulieren. *Werte* als „Konzeptionen des Wünschenswerten" (C. Kluckhohn 1951, S. 395) sind Überzeugungen davon, was als erstrebenswert gilt, also Wunschkriterien für die Verhaltensregulation. Wo Werte mit einem verpflichtenden Anspruch erlebt werden, d. h. als Sollkriterien für die Verhaltensregulation, haben wir es mit Normen zu tun.

Wenn man genauer wissen will, mit welcher besonderen Art von Lernhilfen man es bei der moralischen bzw. sittlichen Erziehung zu tun hat, muß man die Begriffe Moral und Sittlichkeit näher bestimmen. Unter *Moral* versteht man ein Normensystem, genauer den Inbegriff der verbindlichen Sollensregeln der Zusammenlebenden. Mit *Sittlichkeit* (im weitesten Sinne) meint man die Achtung, welche das Individuum für die moralischen Regeln empfindet (vgl. J. Piaget 1954). Häufig werden die Worte Moral und Sittlichkeit gleichsinnig verwendet. Bei der moralischen bzw. sittlichen Erziehung haben wir es also mit Lernhilfen zu tun, die auf Moral bzw. Sittlichkeit abzielen, oder anders formuliert, die moralische bzw. sittliche Verhaltensweisen und Einstellungen herbeiführen wollen. Ein präzises Verständnis der moralischen bzw. sittlichen Erziehung setzt die Klärung einiger weiterer, einschlägiger Grundbegriffe voraus.

1.4 Einige zentrale Kategorien aus dem Bereich der Moralpädagogik

1.4.1 Kollektive Sitten und persönliche Sittlichkeit

Der Begriff Sittlichkeit wird auch in einem engeren Sinne gebraucht und dabei von der Sitte unterschieden. *Sitten* sind verpflichtende kollektive Gewohnheiten, ungeschriebene, durch Wiederholung gefestigte, wirksame Gruppennormen, die das Verhalten des einzelnen durch soziale Außensteuerung regeln, z. B. bestimmte Gruß- oder Umgangsformen (vgl. z. B. A. Banaschewski 1963, S. 405 ff.). Sie entlasten den einzelnen von immer wieder neuen moralischen Erwägungen und Entscheidungen. In einheitlichen, traditionsbestimmten Gesellschaften werden sie als selbstverständlich, gleichsam als das „Natürliche" erlebt. In pluralistischen und dynamischen Gesellschaften verlieren Sitten an Bedeutung, weil dem einzelnen angesichts der Vielzahl von unterschiedlichen normativen Erwartungen und deren raschem Wandel eine erhöhte eigene moralische Urteilsbildung und Verantwortung zugemutet werden muß. *Kollektive Sitten* dienen durch Automatisierung der Verhaltensregelung der Entlastung. Sie können aber auch erstarren und dann in veränderten Situationen sinnlos werden oder störend wirken. Sitten sind Institutionen, die immer wieder auf ihren Sinn und ihre Berechtigung zu überprüfen und gegebenenfalls abzuändern oder aufzugeben sind. Von der kollektiven Sitte wird die *persönliche Sittlichkeit* abgehoben. Sie ist eine individuelle, selbstbestimmte (autonome) Regulierung des Verhaltens aufgrund eigener moralischer Urteilsbildung und Stellungnahme (vgl. z. B. W. Fischer 1965 und 1966).

1.4.2 Werteinstellungen (= Haltungen) und Charakter im moralischen Sinne

Das Erlernen eines relativ beständigen, kollektiv sittengemäßen und individuell sittlichen Verhaltens bewirkt im Bereich der Dispositionen den Aufbau von *Haltungen.* Darunter versteht man *Werteinstellungen,* die als relativ konstante Tendenzen einen im Sinne der Moral steuernden Einfluß auf das individuelle Verhalten in sozial bedeutsamen Situationen ausüben. Das jeweils eigentümliche Gefüge von individuellen Werteinstellungen, das an der Beständigkeit und Zuverlässigkeit verantwortlichen Verhaltens zu erkennen ist, wird als *Charakter im moralischen Sinne bezeichnet.* Im angelsächsischen Sprachraum, wo der Charakterbegriff meist in diesem engen Sinne verwendet wird, spricht man deshalb anstelle von moralischer Erziehung auch häufig von Charaktererziehung. (Vgl. z. B. R. Oerter 1966 und 1970; L. J. Cronbach 1971, S. 460 ff. u. S. 668 ff.; L. Kohlberg 1964; M. Buber 1953). Als Kern des Charakters gilt das Gewissen, das man z. T. in enger Verbindung mit dem Gemüt sieht.

1.4.3 Gemüt und Gewissen

Die phänomenologische Psychologie schränkt ihren Forschungsgegenstand nicht nur auf das objektiv meßbare äußere Verhalten (= Behaviorismus) ein, sondern untersucht auch die innere Bewußtseinswelt. Bei der phänomenologischen Betrachtungsweise werden die in unmittelbarer „Wesensschau" eingebungsartig (intuitiv) erlebten Erscheinungen (Phänomene) des Bewußtseins möglichst vorurteilsfrei und unbefangen beschrieben. Die personalistische, d. h. an der Personalität des Menschen orientierte, phänomenologische Psychologie bemüht sich auch um die Beschreibung und Sinndeutung der „Innerlichkeit" des Menschen, als deren Kern sie Gemüt und Gewissen betrachtet (vgl. A. Wellek 1950 u. Ph. Lersch 1956). Beim Wort „Gemüt" haben wir es mit einem allein der deutschen Sprache eigentümlichen, nur schwer bestimmbaren Begriff zu tun, der durch andere Bezeichnungen (z. B. emotionale Bindung) ersetzt werden kann.

Unter *Gemüt* wird der seelische Ort der tief reichenden und fest verwurzelten Gefühlsbindungen verstanden, durch die der Mensch an etwas „hängt", das ihm viel bedeutet, dem er sich verbunden fühlt und dessen Verlust ihn erschüttern würde. Solche Gemütsbindungen können z. B. gegenüber den Eltern, einem Lebenspartner, der Heimat oder bestimmten Interessengebieten entstehen. Zu Gemütsbindungen kommt es nur dort, wo der Mensch positive Gefühlserfahrungen macht, wie sie sich z. B. bei Geborgenheit und Vertrauenswürdigkeit, Wohlwollen und Liebe, Wert- und Sinnerlebnissen einstellen. Aus Gemütsbindungen entstehen Gewissensverbindlichkeiten.

„Gemüt ist der Ort unserer Bindungen, Gewissen der verantwortlichen unter ihnen" (A. Wellek 1950, S. 48). Das Gemüt fundiert das Gewissen. Wo Kinder z. B. von klein an vernachlässigt, von einer Pflegestelle zur anderen geschoben werden, bleiben bindende Werterlebnisse und damit Gemütsbindungen aus. Dem Betreffenden erscheint dann alles wertlos und feindselig, so daß er sich in seinem Verhalten nur noch um sein eigenes Wohl kümmert, nur nach seinem persönlichen Belieben richtet. Infolge der Gemütlosigkeit kann sich keine Gewissensverbindlichkeit ausbilden, steigt die Kriminalitätsanfälligkeit. Das *Gewissen* wird als die im Gemüt wurzelnde, innerliche, sittliche Steuerungsinstanz des Menschen verstanden, die sich in moralischen Konfliktfällen gleichsam als „innere Stimme" meldet und den Menschen veranlaßt, sein Verhalten verantwortlich zu regulieren (vgl. E. Spranger 1963, S. 22 ff.; W. Metzger 1971, S. 98 ff.).

Die Herkunft und die Aussage der Gewissensstimme läßt sich metaphysisch (d. h. übernatürlich, sei es theologisch oder philosophisch) deuten, aber auch weltimmanent (d. h. durch empirische Forschung, z. B. psychologisch und soziologisch) erklären. Bei metaphysischer Deutung wird das Gewissen als „Stimme Gottes" oder „Anruf der Transzendenz" (eines absoluten, überweltlichen Geistes) verstanden, als ein unbedingter Anspruch, als eine mit dem Menschsein verbundene, von der Erfahrung unabhängige Gegebenheit. Für die weltimmanente Erklärung ist das Gewissen nichts anderes als ein Ergebnis von Lernprozessen, eine regulierende Stimme, die aus der Aneignung und Verinnerlichung der von den Eltern und der Gesellschaft vertretenen Normen hervorgeht. Nach der Auffassung der Tiefenpsychologie entsteht durch die Übernahme und Anerkennung der insbesondere durch die Eltern vermittelten Verhaltensmuster das „Über-ich", jene normative Regulierungsinstanz, die herkömmlicherweise als Gewissen bezeichnet wird. In den Sozialwissenschaften beschreibt man diesen Sachverhalt mit Hilfe der Sozialisationstheorie. Auf diese Weise wird auch erklärlich, daß die inhaltliche Ausprägung der Gewissensstimme, also das, was jeweils als gut oder böse gilt, in verschiedenen Kulturen nicht in gleicher Weise erfahren wird. Deshalb wird heute im theologischen Bereich folgende Gewissenstheorie vertreten: Auf Gott weist nur die Tatsache der Gewissensinstanz hin, also die mit dem Menschsein gegebene formale Bereitschaft und Fähigkeit, sich nach Normen zu verhalten. Die inhaltlichen Vorstellungen über das, was als gut oder böse gilt, können hingegen in verschiedenen Kulturen unterschiedlich ausfallen, da sie Produkte individueller und kollektiver Lernprozesse sind (vgl. z. B. W. Trillhaas 1965; J. Gründel 1968). Wenn man den Menschen als mündige Person begreift, will man sein Gewissen nicht nur als traditions- und sozialbestimmtes Über-Ich verstehen. Man deutet dann das Gewissen auch als jene kritische Instanz, von der aus das Individuum die Realitäten des gesellschaftlichen und persönlichen Lebens in Frage stellt, nach neuen, besseren Möglichkeiten Ausschau hält und sie zu verwirklichen trachtet. Das so verstandene Gewissen umfaßt außer den sozial vermittelten Normvorstellungen auch die in persönlicher Freiheit entworfenen Ideen, die als Maßstäbe eines noch nicht vorhandenen menschlicheren Lebens zu Leitvorstellungen und Impulsen für die Steuerung des eigenen Verhaltens und für die Veränderung der Welt werden. Nur bei diesem freiheitlichen, personalen Verständnis des Gewissens, das auch die Normen- und Selbstkritik mit einbezieht, kann sinnvoll von der Verantwortlichkeit des Menschen gesprochen werden.

1.4.4 Verantwortung

Mit *Verantwortung* meint man die Bereitschaft des Menschen zum Antworten auf das Angesprochenwerden durch eine Situation, der eine Sollensforderung innewohnt, so daß das Verhalten nicht mehr unverbindlich und beliebig erfolgen darf. Von Verantwortung spricht man dort, wo es auf etwas Bedeutsames und Verpflichtendes ankommt, so daß ein voller Einsatz der Person erforderlich wird. Verantwortung übernimmt ein Mensch dann, wenn er vor dem Handeln sein Tun und Lassen sowie dessen Folgen bedenkt, sich frei entscheidet und nachher auch für das einsteht, was er gewollt und getan bzw. unterlassen hat. Wem die für die Verwirklichung des normativen Anspruches erforderliche Einsicht und Freiheit fehlt, sei es z. B. aufgrund des Entwicklungsstandes, infolge von geistigen Defekten oder unter äußerem Zwang, der kann nicht zur Verantwortung gezogen werden. Ihm werden, auch juristisch, Unzurechnungsfähigkeit bzw. mildernde Umstände zuerkannt. Während die einen der Wortbedeutung entsprechend betonen, daß Verantwortung stets und wesentlich Verantwortung *vor* jemandem ist, z. B. vor Gott, vor den Mitmenschen oder vor dem eigenen Gewissen (vgl. W. Weischedel 1958), vertreten andere die Auffassung, daß Verantwortung der Sache nach primär eine solche *für* etwas ist, ein Inanspruchgenommenwerden durch Sollensforderungen, die in den Lebenssituationen mit ihren Wert- und Unwertgehalten zu vernehmen sind (vgl. H. Reiner 1964).

2. Anthropologische Voraussetzungen und Erscheinungsweisen der moralischen Erziehung

2.1 Anthropologische Vorüberlegungen

Jener Teilbereich der Enkulturationshilfe, in dem man sich um Hilfen beim Erlernen von Werten und Normen, von Sitten und Sittlichkeit, von Werteinstellungen und Haltungen sowie beim Aufbau des Charakters, bei der Ausbildung des Gewissens und bei der Übernahme von Verantwortung bemüht, wird als *moralische Erziehung* bezeichnet. Wo man den Menschen nicht nur als soziales, sondern auch als personales Wesen begreift, sind zwei Grundformen der moralischen Erziehung zu unterscheiden. Sie sind auf die Sozialisation und Personalisation des Menschen, also die kollektiven und individuellen normativen Teilaspekte der Enkulturation bezogen.

2.1.1 Sozialisation

Sozialisation (bzw. Sozialisierung) ist jener Teilbereich der Enkulturation, in dem die Werte und Normen der betreffenden Gesellschaft bzw. Gruppe gelernt werden (vgl. z. B. H. Fend 1969; W. Kuckartz 1969; J. H. Fichter 1969; W. Gottschalch, u. a. 1971). Mit Sozialisation meint man also einen sozialen Eingliederungs- und Prägungsprozeß. Er bewirkt, daß ein Individuum sich in die sozial bedeutsamen Normen und Ordnungen einer Gesellschaft bzw. Gruppe einfügt, wobei es zur kollektiven Regelung des Verhaltens und zur Ausprägung von gemeinsamen Werteinstellungen und Haltungen kommt. Sozialisation läßt sich einerseits aus subjektiver Sicht als Lernprozeß begreifen, durch den der einzelne „gesellschaftsfähig" wird, andererseits objektiv, von der Gesellschaft aus, als Überlieferungsprozeß, der den Fortbestand gemeinsamer Wertüberzeugungen und Normengefüge in der Generationenfolge zu garantieren hat. Die Sozialisation läßt sich auch als das Erlernen der sozialen Rollen verstehen, die ein Mensch in der Gesellschaft auszuüben hat. Unter sozialen Rollen versteht man das Insgesamt der Verhaltenserwartungen, die mit einer bestimmten sozialen Position verbunden sind (z. B. der des Lehrers oder des Schülers). Die Summe aller sozialen Rollen eines Individuums wird als soziale Persönlichkeit bezeichnet.

Der Tatbestand der Sozialisation, welcher bewirkt, daß der Mensch zum Rollenträger wird, erfährt in der Soziologie eine unterschiedliche Beurteilung. Die in der empirischen Sozialforschung vorherrschende strukturell-funktionale Theorie (vgl. z. B. T. Parsons 1968 u. 1972) betrachtet die Sozialisation des einzelnen primär unter dem Aspekt der Anpassung an die bestehenden Normen der sozialen Systeme, an deren Gleichgewicht und Fortbestand man vor allem interessiert ist. Die kritische Gesellschaftstheorie (z. B. Th. W. Adorno 1971 u. J. Habermas 1968) hingegen berücksichtigt bei der Untersuchung der Sozialisationsprozesse die Frage nach der individuellen Autonomie im Geflecht der sozialen Einflüsse, insbesondere un-

ter dem Druck der gesellschaftlichen Herrschaftsverhältnisse, auf deren Veränderung in Richtung auf zunehmende Freiheit sie vor allem abzielt.

Der Mensch ist aber nicht zur totalen Anpassung und
Konformität gezwungen. Das Netz der mit den sozialen
Rollen vorgegebenen, gesellschaftlichen Normen ist meist
nicht so engmaschig, daß nicht freie Räume für selbstbestimmtes Handeln und individuelle Selbstdarstellung
blieben. Diese Lücken im Rollensystem sind vom einzelnen, wenn er seine Personalität nicht verfehlen will, zu
entdecken, zu nutzen und auszuweiten. Das ist möglich,
da soziale Rollen erstens meist nicht völlig eindeutig und
starr bestimmt sind, sondern Ermessensspielräume für
Rollenvariationen zulassen; zweitens der einzelne angesichts der vielfältigen Rollenzumutungen und deren
z. T. widersprüchlichen Erwartungen, also im Rollenkon-
flikt zur Selbstbestimmung seines Verhaltens herausge-
fordert wird; drittens das Individuum in kritischer Rollendistanz nicht zum willfährigen Knecht der sozialen
Verhaltenserwartungen werden muß, sondern das Rollenspiel auch verweigern kann, wo es mit seinen eigenen
Wertüberzeugungen unvereinbar ist; viertens solidarische
Gruppen durch ihre Bedürfnisse und Interessen veranlaßt,
an der Erneuerung und am Wandel der gesellschaftlichen
Verhaltenserwartungen, also an der Rollenänderung mitwirken können (vgl. M. Rösel 1972). Die Wahrnehmung
der Möglichkeiten einer relativen individuellen Autonomie, damit aber zugleich die Verwirklichung einer mündigen Lebensführung, läßt die Personalisation des Menschen erforderlich werden.

2.1.2 Personalisation

Der Sozialisationsbegriff bezeichnet jene Einflüsse und
Zwänge, „die von der Gesellschaft auf den einzelnen aus-
geübt werden, um ihn fest in die Kooperations- und Le-
benszusammenhänge zu integrieren" (G. Wurzbacher
1966, S. 74 f.). Dagegen spricht man von *Personalisation*
dann, wenn man jene Komponenten hervorheben will, in

denen „das Individuum beurteilend, unterscheidend, ablehnend, integrierend wie verändernd der Vielfalt sozialer und kultureller Maßstäbe, Lebensformen und Anforderungen gegenübertritt" (G. Wurzbacher 1966, S. 75). Personalität wird auch umschrieben als „Selbstformung und -steuerung der eigenen Triebstrukturen wie als sinngebende, koordinierende und verantwortlich gestaltete Rückwirkung des Individuums auf die Faktoren Gesellschaft und Kultur" (G. Wurzbacher 1963, S. 14).

Während die Begriffe Enkulturation und Sozialisation Sachverhalte bezeichnen, die überall und zu allen Zeiten festzustellen sind, wo Menschen zusammenleben, setzt der Personalisationsbegriff ein bestimmtes Verständnis vom Menschen voraus. Es kommt nur unter besonderen historischen und soziokulturellen Bedingungen zustande, nämlich dort, wo man den Menschen als Person begreift. Dieses personalistische Menschenverständnis ist im Abendland seit der Antike vor allem aus Ideen und Impulsen der griechischen Philosophie, des römischen Rechtsdenkens, des christlichen Glaubens und der Aufklärungsbewegung entstanden und muß in jeder geschichtlichen Lage wieder neu bestimmt werden. Die Personalität des Menschen läßt sich durch folgende Merkmale charakterisieren: 1. (nicht absolute) Freiheit der Wahl und Distanzierungsfähigkeit; 2. Spontaneität; 3. (nicht totale) Autonomie; 4. Verantwortlichkeit (vgl. U. Schlottmann 1968, S. 17). Grundsätzlich wird jedem Menschen die Möglichkeit und das Recht der Personalität zuerkannt. Dieses Personsein bewirkt, daß der Mensch niemals als bloßes Mittel gebraucht werden darf, sondern eine eigene Würde besitzt.

2.2 Die beiden Hauptformen der moralischen Erziehung

Sozialisation und Personalisation bezeichnen Lernprozesse. Die dabei erforderlichen Lernhilfen machen die *moralische Erziehung in ihren beiden Grundformen* der Sozialisations- und Personalisationshilfe aus.

2.2.1 Moralische Erziehung als Sozialisationshilfe

Moralische Erziehung *als Sozialisationshilfe* unterstützt die Einfügung des einzelnen in das Normengefüge seiner Gesellschaft und ihrer Gruppen, die Anpassung an die sozialen Rollenerwartungen, die Aneignung der kollektiven Sitten. Nur dieser Teilbereich der moralischen Erziehung ist gemeint, wenn es heißt: „Sittliche Erziehung ist die Erziehung zum Verhalten nach jenen Normen, deren Gesamtheit von der Gesellschaft oder ihren Gruppen als ‚gut' und deren Gegenteil als ‚böse' angesehen wird. Ihr Umfang ist durch Herkommen, Brauch, Gewohnheit, ‚sittliches' und religiöses Empfinden bestimmt" (K. Erlinghagen 1970, S. 1018). Die soziale Dimension der moralischen Erziehung ist heteronom (d. h. durch gesellschaftliche Außenlenkung) bestimmt, erfolgt konformistisch (d. h. als angleichende Eingliederung in das überlieferte gesellschaftliche Normengefüge) und dient der Stabilisierung des sozialen Systems (d. h. seiner Fortführung und Festigung in der Generationenfolge).

Die Praxis der Sozialisationshilfe erfolgt vor allem durch beispielhaftes Verhalten und eine dadurch ausgelöste Nachahmung (als Identifikation und Imitation), durch Gewöhnung und Übung, die durch Erziehungspraktiken unterstützender (z. B. Lob und Belohnung) und gegenwirkender (z. B. Tadel und Strafe) Art gefördert werden und soweit wie möglich im Gespräch durch vernünftige Begründungen, die das Verständnisvermögen der zu Erziehenden berücksichtigen.

2.2.2 Moralische Erziehung als Personalisationshilfe

Die moralische Erziehung *als Personalisationshilfe* will den einzelnen unterstützen, daß er zum selbständigen, kritischen und produktiven Urteilen, Stellungnehmen und Handeln in moralischer Hinsicht bereit und fähig wird. Durch die individuale Dimension der moralischen Erziehung soll der einzelne befreit werden von der fraglosen Hinnahme und Übernahme gewohnter Verhaltensmuster und Sitten, aber auch befreit werden zur kritischen Distanz ihnen gegenüber sowie zur moralischen Selbstbestimmung (Autonomie) und Veränderung der gesellschaftlichen Verhältnisse in Richtung auf zunehmende Menschlichkeit. Die persönliche Sittlichkeit ist unerläßlich für moralische Mündigkeit und die Voraussetzung dafür, daß der einzelne, wenn erforderlich, die überlieferten Normen auch kritisiert und neue Wertüberzeugungen zur Geltung bringt. Dadurch werden die Erneuerung und der Wandel der moralischen Einstellungen und Lebensverhältnisse möglich. Die Personalisationshilfe muß auf jeden dogmatischen Absolutheitsanspruch verzichten; d. h. sie darf Wertüberzeugungen nicht mit dem Anspruch unbedingter und ausschließlicher Gültigkeit vertreten, den es ungeprüft hinzunehmen gilt. Bei aller Betonung der eigenen Einstellung ist auch die Toleranz gegenüber abweichenden Lebensformen und andersartigen Wertsystemen zu fördern. Moralische Erziehung im Sinne der Personalisationshilfe ist nur in der Form der Aufklärung möglich, also in rationaler und kritischer Selbst- und Situationsauslegung unter dem Anspruch moralischer Grundsätze (wie z. B. Freiheit, Gerechtigkeit, Mitmenschlichkeit). Ihre Begründung erfolgt durch Argumente, die zwar nicht zwingend bewiesen werden können, aber mit der Anerkennung der vernünftig denkenden Menschen rechnen dürfen. An diesen Teilbereich der moralischen Erziehung ist gedacht, wenn es heißt: „Die sittliche Erziehung erweist sich als eine Form der Emanzipation von einem Stadium moralischer Unfreiheit zu einem Stadium moralischer Selbstbestimmung in der Vernunft. Die Praxis dieser Form sittlicher Erziehung ist primär das vernünftige Sprechen in der Gruppe, das sich als herrschaftsfreies Gespräch verwirklicht. In diesem Sprechen entwerfen die Partner ihre Freiheit in Gestalt konkreter, situationsbezogener Hypothesen, die sie handelnd zu bewähren versuchen" (Zitat aus dem Vorwort der Herausgeber in F. Kümmel 1968, S. 8). Als Maßstab für die geschichtlich und gesellschaftlich relativen, moralischen Grundsätze gilt das Ausmaß an Menschlichkeit und Freiheit, das ihre vernünftige Begründung verheißt und ihre praktische Bewährung erbringt.

3. Die Zielfrage

3.1 Die Problematik der Erziehungsziele

Erziehung erfolgt stets zielstrebig (vgl. E. Weber 1972b, 4. Kap.). Das gilt auch für die moralische Erziehung. Erziehungsziele sind „Antworten bestimmter Menschen oder Menschengruppen auf bestimmte geschichtliche Situationen unter dem Gesichtspunkt, wie sich die nachwachsende Generation gegenwärtig und künftig verhalten soll" (W. Klafki 1970, Bd. 2, S. 30 f.). Es sind jedoch in bezug auf die Erziehungsziele sehr unterschiedliche Reflexionsgrade zu unterscheiden. In einer pluralistischen und dynamischen Gesellschaft ist es erforderlich, daß die verschiedenartigen und sich rasch verändernden pädagogischen Zielsetzungen kritisch hinterfragt werden.

Bei pädagogischen Zielsetzungen muß man sich insbesondere vor folgenden Gefahren hüten (Näheres dazu vgl. E. Weber 1972b, 4. Kap.): Erziehungsziele sollen die Zukunftsoffenheit nicht verbauen, also nicht ausschließlich traditionell orientiert und starr fixiert werden. Erziehungsziele dürfen nicht zu Leitbildern weltanschaulicher Manipulation werden. Sie sind keine „Werkzeichnungen", nach deren Muster Menschen lediglich von außen her geformt werden. Erziehungsziele haben sich vor der Verstiegenheit des idealistischen Utopismus zu hüten. Er verstellt den Blick für die Wirklichkeit und bewirkt eine permanente Überforderung. Sie löst entweder ein chronisch schlechtes Gewissen aus, das sich zu neurotischen Schuldkomplexen steigern kann, oder bewirkt, daß infolge der als unerfüllbar erlebten überhöhten Erwartungen normative Forderungen überhaupt nicht mehr ernst genommen werden, selbst solche, die berechtigt und realisierbar sind. Bei der Bezeichnung von Erziehungszielen darf man sich nicht mit Leerformeln begnügen, die alles oder nichts bedeuten können. Solche allzu allgemeine und abstrakte Zielaussagen bleiben, wenn sie nicht noch spezieller und konkreter bestimmt werden, unbestimmt und deshalb unwirksam und können leicht zur Tarnung der eigenen Absicht mißbraucht werden. Erziehungsziele entspringen nicht selten den Ideologien bestimmter Gruppen. Ideologische Zielsetzungen, die der Durchsetzung, Verschleierung und Rechtfertigung von Interessen bestimmter Gruppen dienen, sind von der kritischen Erziehungstheorie zu entlarven.

Eine Pädagogik, die sich vor den aufgezeigten Gefahren hütet und den Erfordernissen einer fortgeschrittenen, sich um Demokratisierung bemühenden Industriegesellschaft entspricht, vermag sich an der Zielvorstellung der individuellen und gesellschaftlichen Mündigkeit und Emanzipation zu orientieren.

3.2 Mündigkeit und Emanzipation als Erziehungsziele

Mündigkeit und Emanzipation sind allgemeinste und oberste pädagogische Zielformeln, die als „regulative Ideen" im Sinne von Leitvorstellungen und Maßstäben zur Kritik und Verbesserung der Lebensverhältnisse erforderlich sind, jedoch der Konkretisierung bedürfen, wenn sie nicht unbestimmt, unverbindlich und unwirksam bleiben sollen (vgl. E. Weber 1972b, 1. Bd., 4. Kap.).

Mündigkeit bedeutet im ursprünglichen, *juristischen Sinne* „die rechtliche Befugnis, seine eigenen Interessen selbst wahrzunehmen, verbindliche Rechtsgeschäfte abzuschließen und politische Bürgerrechte im Rahmen der jeweiligen Rechtsordnung als Gleicher unter Gleichen auszuüben" (R. Spaemann 1971, S. 318). Die juristische Mündigkeit wird mit der sogenannten „Volljährigkeit" erreicht und bleibt erhalten, es sei denn, daß sie infolge von Geisteskrankheiten oder Kriminalität durch formelle Entmündigung wieder abgesprochen wird. Bei der Zuerkennung der rechtlichen Mündigkeit geht man von der Annahme aus, daß die Volljährigen in der Regel bereits jene Voraussetzungen erworben haben, die zur verantwortlichen Verwirklichung ihrer rechtlichen Befugnisse erforderlich sind. Selbst wenn diese Voraussetzungen nicht objektiv nachweisbar und nicht in jedem Einzelfall in vollem Umfang gegeben sind, muß der Status der juristischen Mündigkeit garantiert werden. Das ist notwendig, wenn die Menschen politisch nicht lebenslänglich bevormundet und entmündigt werden sollen durch sich selbst als „Eliten" verstehende, revolutionär engagierte Ideologen, die sich totalitäre Führungsrollen anmaßen und ihre eigenen Zielvorstellungen mit Gewalt durchsetzen wollen. Eine freiheitliche, rechtsstaatliche Demokratie ist nur zu verwirklichen und zu erhalten, wenn ihre volljährigen Bürger nicht nur den Rechtsstatus der Mündigkeit erreicht haben, sondern wenn zumindest die Mehrzahl von ihnen auch über die zu ihrer verantwortlichen Wahrnehmung erforderliche subjektive Verfassung verfügt, also über jenes Dispositionsgefüge eines Menschen, das wir mit dem pädagogischen Begriff der Mündigkeit meinen.

Unter *Mündigkeit als pädagogische Zielvorstellung* versteht man die Fähigkeit und Bereitschaft des Menschen, sein Leben aus eigener Vernunft, gestützt auf Einsicht und kritisches Urteil, durch selbständige Entscheidungen verantwortlich zu führen. Das schließt auch ein fortwährendes Bemühen um die Verbesserung der gesellschaftlichen Lebensverhältnisse ein, da die individuelle Mündigkeit auf eine mündige Gesellschaft angewiesen ist. Angesichts unserer komplexen und komplizierten Welt gehört zur Mündigkeit des einzelnen auch die Einsicht in die Begrenztheit der eigenen Erkenntnis- und Handlungsmöglichkeiten sowie die Fähigkeit und Bereitschaft, persönliche und gemeinsame Interessen unterstützt durch Informationshilfen und Kooperation wahrzunehmen und mit denen anderer auszugleichen. Bei solchem Verständnis von Mündigkeit brauchen weder irrationale Komponenten des Menschen geleugnet noch seine rationalen Möglichkeiten utopisch überschätzt zu werden. „Man kann philosophisch sehr wohl an dem Begriff der absoluten Vernunft Kritik üben und an der Illusion, die Welt sei das Produkt des absoluten Geistes, man wird deshalb nicht verleugnen dürfen, daß anders als durch Denken, und zwar durch unbeirrbares und insistentes Denken, so etwa die Bestimmung dessen, was zu tun richtig sei, richtige Praxis überhaupt, nicht vollziehbar ist" (Th. Adorno 1971, S. 137).

Eine Pädagogik, die daran interessiert ist, daß die Menschen sich mit Hilfe ihrer kritischen Vernunft verantwortlich selbst bestimmen, knüpft an die Tradition der *Aufklärung* an. Aufklärung ist nach I. Kant der „Ausgang des Menschen aus seiner selbstverschuldeten Unmündigkeit". Dabei meint er mit Selbstverschuldetheit, daß die Ursachen für die Unmündigkeit nicht in prinzipiellen Mängeln des Verstandes liegen, sondern im mangelnden Mut und Entschluß, sich seiner ohne Leitung anderer selbst zu bedienen, was Freiheit voraussetzt (I. Kant 1912, S. 33 f.).

Die Möglichkeit zur Mündigkeit und das Recht auf sie lassen sich nur auf dem Wege der durch Erziehungshilfen unterstützten Aufklärung in Freiheit verwirklichen. Daraus ist die pädagogische Forderung abzuleiten, „das Kind im Erziehungsprozeß grundsätzlich als werdende, zur Selbstbestimmung fähige Person anzuerkennen, die nicht bloß als Mittel zu fremden Zwecken benutzt werden darf" (W. Klafki 1970, 2. Bd., S. 17). Aus pädagogischer Verantwortung heraus sind jene Bedingungen zu schaffen und Lernhilfen zu bieten, die das noch unmündige Kind auf seinem Wege zur Mündigkeit unterstützen. „Im Bildungsprozeß, und nur in ihm, ist die Mündigkeit der Unmündigen vorweggenommen; unter der Vorgabe der Erziehenden und im Schonraum eines von großen gesellschaftlichen Spannungen weithin entlasteten Erziehungsfeldes ist den Kindern die Chance gegeben, unvertretbar für sich selbst zu handeln, das Lernen zu lernen, eben: unter der Obhut vorgeschossener Mündigkeit mündig zu werden — in dem von I. Kant unverlierbar festgehaltenen Sinn der ,Aufklärung'" (J. Habermas 1961, S. 257).

Mündigkeit im pädagogischen Sinne darf heute nicht mehr als ein endgültig zu erreichender Status gelten, sondern ist als Prozeß zu verstehen, der unabschließbar bleibt. Der Prozeß des Mündigwerdens stellt aber nicht nur eine individuelle, sondern auch eine gesellschaftliche Aufgabe dar, weil die Mündigkeit des einzelnen nur unter

solchen sozialen Bedingungen realisierbar ist, die sie ermöglichen. Diese sind durch die rechtlich Mündigen politisch zu verwirklichen. Die dazu erforderlichen dispositi-
onellen Voraussetzungen sind durch die Erziehung herbeizuführen.

Wo man in der Pädagogik gegenwärtig vermeiden will,
daß der Mündigkeitsbegriff statisch und einseitig subjektiv mißverstanden wird, wo man Mündigkeit also nach-
drücklich dynamisch versteht, als einen Prozeß, in dem
erzieherische und politische Faktoren eng miteinander
verschränkt sind, verwendet man neuerdings häufig die
pädagogische Zielformel der „Emanzipation" (vgl. z. B.
K. Mollenhauer 1970, S. 9 ff.; H. Giesecke 1969, S. 92 ff.;
W. Klafki 1971, 3. Bd., S. 264 ff.). Durch diesen Begriff
will man die erzieherischen und politischen Zielvorstellungen miteinander verknüpfen. Erziehung fördert das
Lernen, das hier als die subjektive Seite der Emanzipation
verstanden wird. Als deren objektive Seite wird der politische Kampf gegen alle unnötigen und unmenschlichen
Formen der Herrschaft betrachtet. „Emanzipation ist zugleich politisches und pädagogisches Ziel, das mit je verschiedenen Mitteln angestrebt werden muß" (H. Giesecke
1969, S. 95).

Da der Emanzipationsbegriff neuerdings häufig von neo-
marxistischen Sozialtheoretikern und Pädagogen der
„Neuen Linken" z. T. auch von radikalen und anarchisti-
schen Splittergruppen verwendet wird, ist darauf hinzu-
weisen, daß er nicht unbedingt an solche Positionen gebunden ist, sondern bereits einer viel älteren liberalen
Tradition entstammt und die Bestrebungen der Aufklärungsbewegung zum Ausdruck bringt (vgl. W. Brezinka
1972). Wenn man den Begriff der Emanzipation nicht als
„Leerformel" oder lediglich als modischen Sprachgebrauch verwenden will, ist näher zu bestimmen, was man
mit ihm meint.

Unter *Emanzipation* „versteht man den Prozeß der Befreiung und des Mündigwerdens sowie die darauf gerichteten Anstrengungen und Impulse. Ziel der Emanzipation ist die Möglichkeit, Fähigkeit und Motivation von In-

dividuen und Gruppen zur Selbstbestimmung und zur gleichberechtigten Mitbestimmung bei gesellschaftlichen (besonders auch politischen) Entscheidungen" (H. Scarbath 1970, Sp. 673). Mit Emanzipation meint man den Abbau unnötiger, irrationaler Herrschaft von Menschen über Menschen, die Befreiung von ungerechtfertigter und unvernünftiger Abhängigkeit infolge von Gewalt und Unaufgeklärtheit. Emanzipation erstrebt individuelle Selbstbestimmung und gesellschaftliche Mitbestimmung des Menschen durch die Freisetzung seiner Vernunft, aus der heraus sich der einzelne verantwortlich verhält, denn Vernunft ist nicht wertneutral, sondern an der Verbesserung der Lebensverhältnisse interessiert. Emanzipation will die Ablösung „aus allen gesellschaftlich verursachten Abhängigkeiten", sofern diese „subjektiv als ‚Übel' erlebt werden bzw. erlebbar gemacht werden können und daraus Motivierungen für die pädagogische und politische Bearbeitung dieses Übels entstehen können. Dabei ist eine der wichtigsten Lernaufgaben die, die Verursachungszusammenhänge des ‚Übels' gesamtgesellschaftlich zu reflektieren, weil es so in der Regel nicht erlebt wird" (H. Giesecke 1971, S. 152).

Wenn die Pädagogik in Theorie und Praxis ihren Beitrag zur Verwirklichung des Prozesses des Mündigwerdens und der Emanzipation leisten will, darf sie nicht von einem utopischen Leitbild ausgehen, demzufolge ideale Lebensmöglichkeiten vollständig und für immer gesichert sind. Sie muß vielmehr angesichts der jeweils gegebenen Daseinsverhältnisse *immer wieder neu und konkret bestimmen, was als Mündigkeit und Emanzipation anzustreben ist.* Diese Begriffe sind als Prinzipien angesichts des jeweiligen Standes der historischen Entwicklung und des individuellen Werdeganges stets neu angemessen auszulegen und zu verwirklichen. Sie bedeuten für den Zeitgenossen nicht das gleiche wie für einen Bürger des 18. Jahrhunderts und sind für Kinder anders zu interpretieren als für Jugendliche oder Erwachsene.

Mündigkeit und Emanzipation sind *Richtmaße und Prüfsteine für die Erziehungstheorie und -praxis.* Sie lassen sich in bezug auf die jeweils gegebenen geschichtlichen Verhältnisse, im Hinblick auf spezifische Lebensbereiche und angesichts eines bestimmten individuellen Entwicklungsstandes immer wieder neu zur konkreten Regulation des pädagogischen Denkens und Handelns heranziehen. Mit ihrer Hilfe kann im besonderen Fall jeweils ermittelt werden, ob eine erzieherische Maßnahme oder Institution pädagogisch sinnvoll ist bzw. geändert werden muß, um den Prozeß der individuellen und gesellschaftlichen Emanzipation und Mündigkeit zu fördern. „Die im Kindes- und Jugendalter nötigen Einschränkungen müssen jeweils sorgfältig begründet und ‚bewiesen' werden. Die Beweislast dafür, daß in einem bestimmten Alter ein bestimmtes Maß an Emanzipation noch nicht gewährt werden kann, liegt gewissermaßen grundsätzlich bei den Erziehenden" (H. Giesecke 1969, S. 96 f.).

4. Möglichkeiten und Grenzen der moralischen Erziehung in Unterricht und Schule

4.1 Die Verknüpfung des Lehr- und Erziehungsauftrages in Unterricht und Schule

Wo der Unterricht als in Schulen organisierte Erziehung im Sinne einer umfassenden Enkulturationshilfe verstanden wird, umschließt er Lernhilfen, die nicht nur auf die Steigerung von Wissen und Können (Unterricht im engen Sinne), sondern auch auf die Aneignung von Normen und Werteinstellungen (Erziehung im engeren Sinne) abzielen. Der Unterricht umfaßt im weiten Sinne Lernhilfen, die sowohl der Leistungsertüchtigung als auch der Steigerung von Verantwortungsbereitschaft dienen. Die Schule hat dementsprechend neben dem Lehrauftrag auch den Auftrag der moralischen Erziehung zu erfüllen.

Das war nicht immer der Fall. Die Schule war früher häufig nur eine Ausbildungsstätte, in der standes- und berufsbezogene Kenntnisse und Fertigkeiten vermittelt wurden.

In den Schreiblese- und Rechenschulen des Hochmittelalters hat man z. B. die Kulturtechniken des Lesens und Schreibens sowie des Rechnens unterrichtet, soweit sie für das gewerbetreibende Bürgertum von Interesse waren. Die moralische Erziehung galt hier ausschließlich als Aufgabe der Familien und der Zünfte. Auch heute gibt es z. T. noch spezielle Formen des Unterrichts, die sich unter Ausklammerung der sittlichen Erziehung nur um die Ausbildung isolierter Fertigkeiten bemühen, z. B. der in Lehrgängen von Erwachsenenbildungseinrichtungen durchgeführte Stenographie- oder Schreibmaschinenunterricht.

Im sogenannten „allgemeinbildenden Schulwesen" wird in der modernen Gesellschaft, zusätzlich zum Unterricht im engeren Sinne der organisierten Lernhilfen zur Leistungssteigerung, die verstärkte Einbeziehung der moralischen Erziehung (Erziehung im engeren Sinne) gefordert und zu verwirklichen versucht. Das wurde um so dringlicher, je mehr die Familien angesichts der zunehmenden Pluralität und Dynamik der gesellschaftlichen Lebensverhältnisse dazu nicht mehr zureichend in der Lage sind. Wo man betonen will, daß in den Schulen neben dem Unterricht, der Wissen und Können zu vermitteln hat, auch moralische Erziehung erforderlich und möglich ist, spricht man vom erziehenden Unterricht. Er begnügt sich nicht mit einem wertneutralen Fachunterricht, sondern will auch Lernhilfen beim Aufbau sittengemäßen und sittlichen Verhaltens sowie bei der Ausbildung von Wertüberzeugungen und moralischen Einstellungen bieten.

4.2 Beispiele aus der neueren Geschichte der Pädagogik

Das Problem, ob und wie in Schule und Unterricht Wissen und Können mit Gewissen und Haltung zu verbinden sind, Tugend lehrbar ist, das Vorstellen und Denken das Wollen und Handeln zu bestimmen vermögen, wird seit langem umstritten und hat immer wieder neue Lösungsversuche hervorgebracht.

Für J. F. *Herbart* (1776—1841) war jeder Unterricht mit sittlicher Erziehung verbunden. Nach seiner Überzeugung wurzelt der Wille im Gedankenkreis, der durch den Unterricht ausgebaut und geordnet wird. Das dadurch entstehende, umfassende und gegliederte Vorstellungsgewebe löst vielseitige Interessen aus. Sie bringen ein Wollen und damit ein Handeln hervor, das, weil es von einem richtigen Bewußtsein, also von vorurteilsfreier und objektiver Einsicht bestimmt wird, sittliches Verhalten ermöglicht (vgl. E. E. Geißler 1970).

In einer primitivisierenden Nachfolge Herbarts haben die sogenannten „Herbartianer", die über die Lehrerbildung das Schulwesen im letzten Drittel des 19. Jahrhunderts stark beeinflußten, den erziehenden Unterricht in Verruf gebracht. Es kam soweit, daß man in den Schulen den zu vermittelnden Wissensumfang, insbesondere in den „Gesinnungsfächern", sowie die moralisierenden Folgerungen, die am Ende jeder Unterrichtsstunde angefügt wurden, für das Wichtigste hielt (vgl. B. Schwenk 1963).

Gegen den verknöcherten, einseitig intellektualistischen und aufdringlich moralisierenden Unterrichtsbetrieb der Herbartianer wandte sich die Kritik der *pädagogischen Reformbewegung* im ersten Drittel des 20. Jahrhunderts (vgl. W. Scheibe 1971). Ihre Vertreter lehnten bloße Belehrungen und wortreiches Moralisieren ab. Insbesondere die stark irrationalen, erlebnispädagogischen Strömungen und die am sachlichen und praktischen Handeln orientierte Arbeitsschulbewegung erhofften sich vom „Schulleben" bessere Möglichkeiten für die moralische Erziehung (vgl. R. Lassahn 1969). Die Schule sollte von einer bloßen Unterrichtsanstalt zu einer Lebensstätte für junge Menschen umgestaltet werden. Als erzieherisch bedeutsame Situationen wurden Spiel und Sport, Fest und Feier, das musische Leben (z. B. Schulchöre, -orchester, -bühnen), Wanderungen, Fahrten und Schullandheimaufenthalte, Formen des geselligen Umgangs (z. B. Tanzveranstaltungen und Diskussionskreise), Arbeitsgemeinschaften und Neigungsgruppen sowie verschiedenartige Einrichtungen der Schülermitverantwortung und -verwaltung in die Schulen eingeführt. Von allen diesen Einrichtungen versprach man sich eine Versittlichung des Zusammenlebens.

Während der *NS-Zeit* wurde auch die Schulerziehung politisch gleichgeschaltet und totalitär gelenkt. Die moralische Erziehung, die vor allem auf soldatische Tugenden abzielte, wurde hauptsächlich den politischen Jugendformationen übertragen (vgl. H.-G. Assel 1969).

4.3 Ansätze zur moralischen Erziehung im Unterricht und im Schulleben der Gegenwart

Nach 1945 knüpfte man zunächst wieder bei den Bestrebungen der Reformpädagogik vor 1933 an. Man suchte jetzt jedoch vermehrt nach Möglichkeiten für eine konkrete *Erziehung zur Verantwortung in Ernstsituationen,* z. B. durch den Einsatz der Schüler im Jugendrotkreuz, in der Nachbarschaftshilfe, als Schülerlotsen sowie im Sozial- und Betriebspraktikum (vgl. z. B. K. Hahn, o. J.; W. Klafki 1964). Bei diesen Versuchen stieß man jedoch rasch an die Grenzen schulischer Möglichkeiten. Das *Schulleben* gibt eben nur wenig lebensernste Handlungssituationen her und dort, wo sie bestehen, wie etwa im Bereich der Schülermitverantwortung, hat man sie bisher meist nicht sinnvoll genutzt (vgl. z. B. R. Lassahn 1969; K. Odenbach 1954; G. Steindorf 1972). Die Schüler wollen sich nicht mehr mit der bloßen Kreideverwaltung oder Ausgestaltung von Schulfeiern begnügen. Sie lehnen die harmonische Partnerschaftsvorstellung und Gemeinschaftsideologie ab, von der die herkömmliche *Schülermitverantwortung* bestimmt war. Neuerdings fordern politisch engagierte Schülergruppen eine *Mitbestimmung,* die der Durchsetzung von Schülerinteressen dienen soll. Es kommt ihnen darauf an, daß Konflikte nicht verschleiert werden, sondern daß man lernt, wie sie auszutragen sind (vgl. G. Auernheimer u. M. Doehlemann 1971; A. Holtmann u. S. Reinhardt 1971; A. Friedl 1971; H.-J. Gamm 1970; Th. Wilhelm, Hrsg., 1970; G. Steindorf 1972).

Enttäuscht über die geringen Erfolge, die das Schulleben im Sinne der moralischen Erziehung erbracht hat, bemüht man sich gegenwärtig wieder verstärkt um eine Verknüpfung der sittlichen Erziehung mit dem Unterricht. Das ist vor allem dort der Fall, wo man den Menschen als ein vorstellungsgeleitetes Wesen betrachtet, das man, weil der Wille selbst blind ist, nicht durch unmittelbare Willensbeeinflussung, sondern durch den Aufbau und die Ordnung der Vorstellungswelt zu erziehen trachtet. Diese Welt der Vorstellungen und Gedanken, in die auch die geschichtliche Erfahrung eingeht, fundiert das Verhalten und befreit es von Beliebigkeit und Sprunghaftigkeit (vgl. Th. Wilhelm 1969). Schule und Unterricht haben deshalb primär der vorstellungsmäßigen und gedanklichen Orientierung in der Welt zu dienen. Dabei nimmt man zwar nicht an, daß das Wissen kausal versittlichend wirkt im Sinne eines zwanghaften Ursache-Wirkungs-Verhältnisses. Man ist aber davon überzeugt, daß unser Handeln auch in moralischer Hinsicht der rationalen Begründung bedarf. Außerdem sind die unterrichtlich zu klärenden Sachverhalte häufig Anlaß zur Wertorientierung und normativen Stellungnahme, wobei gerade die Diskussion voneinander abweichender Überzeugungen fruchtbar sein kann (vgl. J. Derbolav 1960; A. Petzelt 1961a und 1961b; H. Wenke 1960; A. Dumke 1963; R. Dreeben 1967; R. S. Guttchen 1962; D. G. Arnstine 1961; C. M. Beck u. a. 1971).

Außerdem gehen von den verschiedenen Grundformen sozialer Beziehungen, die in der Schule und im Unterricht zwischen Lehrern und Schülern jeweils verwirklicht werden, unterschiedliche Wirkungen nicht nur auf das Leistungs-, sondern auch auf das Sozialverhalten aus. Die Erforschung der *Erziehungs- und Unterrichtsstile*, z. B. von mehr autoritären bzw. demokratischen, stärker lehrer- bzw. schülerzentrierten, vorwiegend frontalunterrichtlichen bzw. gruppenunterrichtlichen Stilformen zeigt, daß sich diese deutlich erkennbar in je eigentümlicher Weise auf die Arbeits- und Gruppenmoral der Schüler auswirken (vgl. E. Weber 1972a und 1973; R. u. A. Tausch 5. Aufl. 1970; H. Nickel 1971; E. Meyer 1969; G. Dietrich 1969; U. Walz 1968; Th. Herrmann 1966).

Wenn man die verschiedenen historischen Ansätze über-
blickt, kommt man zu dem Ergebnis, daß bei der moralischen Erziehung ganz allgemein, aber auch bei ihrer
Verwirklichung in der Schule alle *Einseitigkeiten zu vermeiden* sind. *Am moralischen Verhalten,* wenn es tatsächlich vollzogen wird, ist *die Person insgesamt beteiligt,* in
kognitiver, emotionaler und praktischer Hinsicht; d. h. es
kommt dabei auf das moralische Bewußtsein und Urteil,
auf das moralische Gefühl und Empfinden sowie auf das
moralische Tun und Lassen an. Dementsprechend hat
auch die moralische Erziehung *die moralische Einsicht*
durch gedankliche Orientierung und vernünftige Argumentation anzubahnen, *das moralische Fühlen* durch
Werterlebnisse und Appelle anzusprechen sowie *das moralische Handeln* durch praktisches Verhalten in sittlich
bedeutsamen Situationen einzuüben.

Eine *Gefahr* besteht bei der moralischen Erziehung darin,
daß durch die Sozialisation die Personalisation behindert
oder gar verhindert wird. Da der Mensch völlig hilflos
und unvernünftig zur Welt kommt, ist er auf Erziehung
angewiesen, die im moralischen Bereich zunächst nur als
Sozialisationshilfe möglich ist, und erst allmählich immer
mehr durch Personalisationshilfen ergänzt und ersetzt
werden kann. Wo die Sozialisation und die sie unterstüt-
zende Erziehung das Verhalten des einzelnen allzu lang
und starr gewohnheitsmäßig festlegt, ihn zum blinden Gehorsam zwingt, ihn lediglich durch Außenlenkung zur
Überanpassung veranlaßt, ihm dogmatische Wertüberzeugungen einprägt, ihn der Gewissensmanipulation und Gesinnungsmache unterwirft, dort wird seine Personalisation
und damit sein Mündigwerden kaum möglich. Ebenso wenig aber werden Personalität und Mündigkeit dort erreicht, wo man junge Menschen von Anfang an auf sich
selber stellt und völlig ungebunden und unverbindlich gewähren läßt, sie also nicht unter den Anspruch sozialer
Normen stellt und in keine sozialen Ordnungen eingliе-
dert. Es kommt also darauf an, solche Sozialisationshilfen

zu bieten, die das Mündigwerden ermöglichen. Das sind Lernhilfen, die nicht in Abhängigkeit halten, sondern von überflüssig werdenden und unnötigen Abhängigkeiten befreien, weil der Erzieher von Anfang an die Emanzipation und Mündigkeit der zu Erziehenden anstrebt (vgl. E. Weber 1972b und 1973).

Moralische Erziehung im Sinne der Sozialisationshilfe will nicht die Überwältigung, sondern die Ermöglichung der Freiheit. Sie darf deshalb keine starre und unkritische Rollenübernahme bewirken, sondern hat durch Lernhilfen Spielräume für relativ autonomes Verhalten zu erschließen. Es ist also bei der Verinnerlichung der sozialen Normen dafür zu sorgen, daß der zu Erziehende die erforderliche Rollendistanz gewinnt, die Ermessensspielräume und Selbstdarstellungsmöglichkeiten bei der Rollenausübung wahrzunehmen vermag, sowie zur Selbstbestimmung in Rollenkonflikten und — wenn erforderlich — zur Veränderung der Rollenerwartungen bereit und fähig wird. All dies gelingt nur dort, wo das Erlernen der gesellschaftlichen Wertüberzeugungen und sozialen Verhaltensmuster so bald wie möglich und im Verlauf des individuellen Werdeganges in zunehmendem Maße kritisch reflektierend erfolgt, d. h. wo die sozialen Normen vernünftig begründet und auf ihre Gültigkeit hin überprüft werden. Wenn die sozialen Verhaltensmuster durch rationale Argumentation und durch Appelle an die eigene Einsicht angeeignet werden, bleiben die verinnerlichten Normen flexibel, also abwandlungsfähig und veränderbar. Das ist erforderlich, wenn der einzelne im Geflecht der sozialen Verhaltenserwartungen zur relativen Autonomie, d. h. zwar zu keiner absoluten, aber doch teilweisen Selbstbestimmung seines Verhaltens gelangen soll. Sie ist die Voraussetzung für den gesellschaftlichen Wandel.

Auch bei der moralischen Erziehung müssen die Lernhilfen der psychischen und sozialen Situation des Lernenden *adäquat sein.* Da diese Aufgabe im vorliegenden Aufsatz nicht mehr erörtert werden kann, sei wenigstens noch auf einschlägige Literatur verwiesen. *In psychischer Hinsicht* sind die Stadien der moralischen Entwicklung zu berücksichtigen. Ihre Ausprägungen werden, wie neuere Untersuchungen über die Entstehung und Veränderung des moralischen Bewußtseins und Verhaltens zeigen, vor allem durch die Lernprozesse und die sie unterstützenden Lernhilfen bestimmt (vgl. z. B. D. P. Ausubel 1969; A. Bandura u. R. H. Walters 1963; C. M. Beck u. a. 1971; R. J. Havighurst u. H. Taba 1949; M. L. Hoffmann 1963 und 1970; E. B. Hurlock 1970; L. Kohlberg 1963a, 1963b, 1964, 1966, 1970 und 1971; R. Oerter 1969; R. F. Peck u. R. J. Havighurst 1964; J. Piaget 1954; H. Roth 1971; E. Turiel 1969). *In gesellschaftlicher Hinsicht* hat die moralische Erziehung den sozialschichtenspezifischen Wertorientierungen und Normen zu entsprechen (vgl. z. B. B. Caesar 1972; E. Parey 1971; E. Weber 1972a).

Abschließend sei noch darauf verwiesen, daß, im Vergleich zu den differenzierten Methodenlehren im Fachunterricht, für die Methodisierung der moralischen Erziehung erst bescheidene Ansätze vorliegen. Der Grund dafür liegt letztlich in der Schwierigkeit, daß die moralische Erziehung, zumindest in ihren anspruchsvollsten und humansten Formen, auf autonome Sittlichkeit abzielt, die sich der „Machbarkeit" entzieht (vgl. z. B. L. Froese 1961; H.-H. Groothoff 1961; E. Weber 1963).

II. Ferdinand Kopp

Erziehliche Aufgaben für Unterricht und Schule

Vorbemerkungen

Wer über Aufgaben der Erziehung im Rahmen von Schule und Unterricht und damit über Differenzierung und Konkretisierung allgemeiner Letztziele (wie Mündigkeit, Emanzipation, Demokratisierung, gesellschaftliches Standortbewußtsein u. ä.) etwas sagen will, steht vor einer Reihe von Schwierigkeiten, die nicht oder nur teilweise auszuräumen sind.

Zunächst ist die Frage der *Kompetenz* gestellt. Woher kann ein einzelner das Recht nehmen, Aufgaben der Erziehung, die immer irgendwie normativen Charakter haben, festzulegen? Besteht in unserer Gesellschaft auch nur annähernd ein Konsensus über das, was durch Erziehung erreicht werden soll? Gibt es genügend Vorarbeiten von Philosophen, Ethikern, Gesellschaftswissenschaftlern, Moraltheologen, damit eine genügende Klärung der Erziehungsziele erfolgen und allgemeine Anerkennung finden kann? Sind sich die Pädagogen selbst darüber einig, geben Lehrpläne ausreichende Auskunft?

Indem wir so fragen, gestehen wir schon, daß ein weitgehend ungeklärter und verworrener Zustand herrscht. Trotzdem kann aber u. E. eine Konkretisierung und Differenzierung von Erziehungsaufgaben nicht unterbleiben. Denn Erziehung, gleichgültig ob in Familie, Schule oder Öffentlichkeit, vollzieht sich doch Tag für Tag. Es bleibt notwendig, über gewisse Richtpunkte und Praktiken nachzudenken. Es ist zu erwarten, daß sich dabei gewisse Tendenzen zeigen, die mehr oder minder, sei es bewußt oder unbewußt, wenngleich in verschiedenen sprachlichen Umschreibungen, allgemeinere Anerkennung erfahren.

Allerdings stoßen wir dabei sofort auf die anzuwendende wissenschaftliche *Methode.* Soweit der Unterricht sich kognitive und psychomotorische Lernziele setzt, erfolgen die Erforschung, Analyse und damit auch die Planung des Unterrichts mehr und mehr mit der wissenschaftlichen Exaktheit empirischer Methoden. Aber wie steht es mit den affektiven Zielen und damit mit den Bereichen der sittlichen bzw. moralischen Erziehung? Hier fehlen breit angelegte Untersuchungen, die durch Beobachtung, Protokolle, Tonband- und Filmaufzeichnungen, Berichte der Beteiligten, Interviews, Verlaufskontrollen, Testung der Ergebnisse usw. eine sichere Basis für erziehliche Planung schaffen.

So muß das Folgende ein Versuch bleiben, der sich auf den unumgänglichen Rückgriff auf die persönliche Erfahrung und auf eigenes Nachdenken stützt. Dabei gestehe ich mir einige Hoffnungen zu:

- der Leser möge das Folgende als Anregung betrachten, die ihn zu Ergänzungen, Änderungen, vor allem aber zu erziehlich bewußter Aktion in seiner Schule anregen möge;

- der Lehrer möge in dem Bewußtsein sich gestärkt fühlen, daß moralische Erziehung nach wie vor in der Schule nicht nur notwendig, sondern auch möglich ist;

- er könnte sogar in der Meinung gefestigt werden, daß sittliche Erziehung weit mehr menschliche Qualitäten bei ihm und bei den Schülern beansprucht, als ein Unterrichtsbetrieb, der, und wenn auch auf noch so modernen Wegen, nur Wissen und Können anstrebt.

Die nachfolgende Darstellung verzichtet darauf, von methodisch institutionalisierbaren Formen, die erziehlich bedeutsam sind, auszugehen, also die Erziehungswirkung des Unterrichtsgesprächs, der Partner- und Gruppenarbeit, des Unterrichtsstils, der Schülermitverantwortung, des Schulspiels und der Feiergestaltung aufzuzeigen. Das ist in zahlreichen Einzeldarstellungen nachzulesen. Uns geht es um einen Katalog von Erziehungsaufgaben. Wenn sich deren Formulierung der Art von Lernzielen nähert, so soll damit in keiner Weise behauptet werden, daß damit der Theorie der Lernzieldefinition, ihrer Begründung, Operationalisierung und Validierung Rechnung getragen werden kann. Hierfür sind noch viel mehr Vorarbeiten zu leisten, als diesem Aufsatz zugrunde liegen. Auch ließen sich aus älteren und keineswegs immer überholten „Tugendkatalogen" Aufgaben entnehmen, die hier nicht genannt sind, so etwa Dankbarkeit, Selbstbeherrschung, Besonnenheit, Treue, Vertrauenswürdigkeit, Wahrhaftigkeit, Selektionsbereitschaft u. a. (vgl. Bollnow 1947 u. 1958). Aber gerade dies mag Anlaß dafür sein, daß der mitdenkende Leser die Ausführungen nicht als Anweisungen, sondern als Anregungen betrachtet.

In der folgenden Darstellung fehlt die religiöse Dimension. Nichts läge uns ferner als zu behaupten, sie habe mit der sittlichen Erziehung nichts zu tun. Selbst in einer säkularisierten Welt ist der Rückzug auf die Transzendenz ein menschlich zentrales Problem, gerade auch für die Lebensführung. Aber die auf Transzendenz gerichtete Existenz hat so sehr ihre eigene Struktur, die in keiner Weise von vorneherein mit dem Problem der Sittlichkeit zusammenhängt, daß eine Darstellung weit über den Rahmen eines Aufsatzes ausgreifen müßte, um schließlich den sekundären Aspekt der Religion, nämlich ihre ethische Dimension, zu verdeutlichen und gar noch auf die Schule zu integrieren. Ähnliches gilt auch vom ästhetischen Bereich.

So verbleiben im folgenden drei Aufgabengruppen. Die erste bezieht sich auf erzieherische Aufgaben, die mit den kognitiven Fähigkeiten des Menschen enger zusammenhängen; die zweite weist auf Erziehungsaufgaben hin, die aus der Selbstverwirklichung und Personalisation als einer grundlegenden Erziehungsaufgabe sich ergeben; der dritte Bereich ist durch soziale und politische Haltungen bestimmt. Selbstverständlich ist diese Aufgliederung nur eine Ordnungshilfe äußerer Art. Tatsächlich kann es sich nur um Schwerpunkte handeln.

1. Erziehungsaufgaben im Zusammenhang mit kognitiven Lernzielen

Die Tendenz der Lehrpläne wie der ganzen Schularbeit in den letzten Jahren läuft auf eine Förderung des kognitiven Bereichs hinaus: Präzisierung von Wissen und Einsicht, Steigerung der Intelligenzleistungen, Verwissenschaftlichung des Unterrichts u. ähnl. Diese Bestrebungen haben ihr gutes Recht. Dabei bleibt aber nicht nur die Frage unbeantwortet, was und wozu mit so erhöhtem Leistungsanspruch gelernt werden soll (auch ein Verbrecherkollektiv könnte sich mit einem ihm gemäßen Lerninhalt der neuen Methoden bedienen), sondern es ist auch zu bedenken, welche Haltungen und Grundeinstellungen erziehlicher Art mit den kognitiven Lernprozessen verbunden sind. Denn niemals vollziehen sie sich losgelöst von affektiven Vorgängen, und es wäre durchaus denkbar, daß Lernen allein schon als Lernprozeß inhuman, menschenunwürdig verliefe. Darum der folgende Versuch, drei Erziehungsaufgaben aufzuweisen, die mit den mehr sachlichen Lernaufgaben zusammengesehen werden.

1.1 Sachgetreue Information und Argumentation als notwendig erkennen und einüben

Richtige Entscheidungen sind in allen Bereichen des individuellen und sozialen Lebens abhängig von einer sachgetreuen, objektiven Einsicht in die Wirklichkeit der vorgegebenen naturhaften, menschlichen, technischen, wirtschaftlichen, gesellschaftlichen und kulturellen Gegebenheiten. Nicht zufällig galt in der Antike und im Mittelalter, gilt aber auch in der Gegenwart, wenngleich hier in modernen Umschreibungen, die Klugheit als die erste der Kardinaltugenden. Klugheit meinte eine Haltung, die auf das „Gesetz der Sache" getreulich hört und dabei den Blick nicht durch Emotionen, weder durch Haß noch durch Liebe sich trüben läßt. „Es zählt zu den großen Nöten der Gegenwart, daß es an der Tugend der intellektuellen Lauterkeit immer noch fehlt, insbesondere, wo politische und wirtschaftliche Interessen mit im Spiel sind . . .

Der spezielle Gegenpol der Lauterkeit heißt Unwahrhaf-
tigkeit als Eigennutz, Raffinesse zur Durchsetzung par-
tieller Interessen, aber auch ideologische Befangenheit, Il-
lusionismus und Opportunismus. Sie sind die Todfeinde
der modernen Gesellschaft" (Fechner 1972, S. 572). Mag
auch die „reine Wahrheit" selbst nie dem Menschen ge-
schenkt werden — notwendig bleibt jenes lautere Streben
nach sachgetreuer Einsicht und Information, das im Grun-
de genommen nichts anderes meint, als die Erkenntnis dessen, was wahr ist. Es wäre des Menschen unwürdig, wenn
er das Streben nach Wahrheit aufgäbe. Oder sollte auch
diese Aussage heute nicht mehr selbstverständlich sein?
Was hier so allgemein gesagt wird, mit einem nicht zu
vermeidenden Ansatz von Gesellschaftskritik, soll in unserem Zusammenhang in seiner Bedeutung für Unterricht
und Schule beleuchtet werden. In der Schule muß jene
Haltung geweckt und gefördert werden, die sich der sachlichen Treue verpflichtet weiß, eine Haltung, die durch
Einsicht gestützt und gleichzeitig zur Gewohnheit werden
muß. „Lies den Satz ganz genau! Schau genau hin!
Stimmt alles, was du erzählt hast?" Beobachtungsaufga-
ben und Versuche im Sachunterricht und in allen natur-
wissenschaftlichen Fächern sind ein hervorragendes
Übungsfeld für sachgetreues Verhalten, und sprachliche
Gestaltung, vor allem in der Form des Berichts, fordert
Lauterkeit der Gesinnung. Unsere Kinder werden
durch die vielfältigen Darstellungen, vor allem im Fernsehen, dazu verführt, von jeder neuen Sache zu meinen:
„Das wissen wir schon, das haben wir im Fernsehen gesehen, davon waren Bilder in der Illustrierten." In der
Regel handelt es sich nur um oberflächliches Wissen. Es
ist die Kunst des Lehrers, Zweifel an dem Wissen zu wek-
ken, das bekannt erscheinende Wissen neu zu durchleuchten und durch gewecktes Problembewußtsein zu einer echten Information weiterzuführen. Bleiben sollte aber in jedem Fall eine Distanz gegen die billige und blasierte
Eigenmeinung, „man wisse eigentlich schon alles".
Eine sachgetreue Haltung zu Information und Argumentation kann nicht allein durch Gewöhnung erreicht wer-

den. Immer wieder muß die Reflexion dazu kommen, weil nur so einmalige Erfahrungen transferfähig werden. Dabei wird erkannt: Ohne genaue Kenntnis eines Sachverhalts kann und darf ich mir kein Urteil bilden. — Jede Einsicht verlangt immer erneute Nachprüfung. — Mißtrauen gegen mich selbst ist nicht Schwäche, sondern Voraussetzung dafür, daß ich nicht durch Schlampigkeit, durch Zuneigung oder Abneigung zu vorschnellen Urteilen komme.

Was die sozialen und politischen Fragen angeht, stecken unsere Schüler voll von Vorurteilen, die meist nichts anderes sind als Spiegelbilder familiärer Ansichten. Es ist nicht einfach, Vorurteile abzubauen, und der Sozialkundeunterricht steht hier vor einer vordringlichen Aufgabe. Immer wieder muß verlangt werden, zuerst gründlich die Sache selbst zu durchforschen und dann erst ein Urteil zu fällen. Und dieses Urteil wird meist sehr viel zurückhaltender ausfallen, wenn man Sachverhalt und Hintergründe vorher kennengelernt hat.

1.2 Zu Informationen und Urteilen jeder Art kritisch Stellung nehmen

Wir erkannten bereits, wie sehr sachgetreue Information und Reflexion von der Forderung nach kritischem Denken nicht zu trennen ist. Da aber die Erziehung zu kritischem Denken heute fast allgemein als eine zentrale pädagogische Aufgabe betrachtet wird, erscheint es berechtigt, diese Forderung eigens zu durchleuchten. Die Begründung liegt in unserer geschichtlichen Situation. Auch in einer demokratischen Gesellschaft ist die Bereitschaft im Wachsen, auf eigenes Denken zu verzichten. Mehrere Faktoren wirken in dieser Richtung: der geheime Terror der verschiedenen, psychologisch hochfein gesteuerten und meist von bestimmten Machtgruppen abhängigen Informationsmittel, die Anspruchlichkeit wirklicher oder vermeintlicher Autoritäten, das Übermaß an Wissensstoff, das der einzelne nicht mehr bewältigen kann, die Abhängigkeit vieler Mitbürger von politischen und wirtschaftlichen Machtgruppen, dazu freilich auch die verständliche Bequemlichkeit des einzelnen. Geistig Höriger zu sein, mag bequem erscheinen; aber solche Haltung untergräbt nicht nur eine Gesellschaft, die auf die Mündigkeit möglichst aller Bürger baut, sondern sie verzichtet auch auf den menschlichen Anspruch, daß Wahrheit für keinen anderen Wert geopfert werden darf.

Was bedeutet die hier aufgezeigte Lage für Schule und Unterricht? Zunächst dies: Auf allen Schulstufen sind die Schüler zu ermuntern, auftauchende Fragen und Zweifel nicht zu unterdrücken, sondern immer erneut nachzubohren: „Stimmt das auch, was hier gesagt wird, was ich hier lese, was mir hier in Bildern eingängig vorgeführt wird? Sind nicht wichtige Fakten verschwiegen?" (Wissen wir doch, daß heute die große Kunst der Irreführung im öffentlichen Leben in der Kunst des Weglassens liegt, nicht eigentlich in der Verfälschung isolierter Fakten.)

Kritische Haltung in diesem Sinn beginnt gegenüber Berichten und Erzählungen der Mitschüler, darf aber keinesfalls vor dem Wort des Lehrers oder vor den Texten der Schulbücher Halt machen. Der Geschichtsunterricht in der Hauptschule begnügt sich heute nicht mehr mit einer einlinigen Geschichtsdeutung, sondern versucht verschiedene Geschichtsauffassungen nebeneinander zu stellen und so zu Diskussion, zu Nachdenken und zu kritisch-vorsichtigem Urteil zu verhelfen. Texte, die von einem gleichen Geschehen berichten, werden miteinander verglichen. Diese Methode gilt heute mit Vorzug auch für soziale Studien auf allen Schulstufen, seit Lehrpläne und Didaktik nicht mehr nur emotional in einer mehr oder minder propagandistischen Richtung anregen wollen, sondern durch den Vergleich verschiedener Tatsachen, Reden, Berichte und Dokumente kritisches, selbständiges Denken geradezu provozieren möchten. Auch der Religionsunterricht von der Sekundarstufe I an scheut sich nicht mehr, synoptisch mit den Texten der Evangelien zu verfahren und so Unterschiede, ja selbst Widersprüche zum Anlaß eines vertieften Nachdenkens über Glaubenswahrheiten zu nehmen.

Kritisches Denken als Erziehungsaufgabe ist sicherlich dem traditionellen Charakter unserer Schulen entgegengesetzt. Es erfordert einen Unterrichtsstil des gegenseitigen Vertrauens, der allseitigen Offenheit, einer sachlich fundierten Kooperation und der Freiheit von Angst. Kein Schüler darf fürchten, scheel angesehen zu werden, wenn er etwas sagt, was nicht mit der Lehrermeinung konform ist. Freilich muß aber auch das Schülerverhalten von jedem nörgelnden Affekt und von unsachlicher Opposition frei sein — ein Verhalten, das in unseren Schulen nicht ohne längere Einübung heimisch wird.

Ohnehin bedarf die Entfaltung des kritischen Bewußtseins einer wohlüberlegten methodischen Planung. Mit der summarischen und landläufigen Aufforderung nach der Art: „Was meint ihr dazu? Hat jemand etwas zu sagen?" ist es nicht getan. Der Unterricht muß aus sich heraus immer wieder an problemgeladene Situationen heranführen, Gegensätze aufzeigen, Widersprüche provozieren. Damit der Schüler selbst sich einer Methode kritischer Haltung bewußt wird, also kritisches Denken im eigentlichen Sinne „lernt", weil ohne solche Reflexion ein Transfer nur schwer möglich ist, überlegen wir z. B. nach einem durchgeführten kritischen Textvergleich, wie unsere Denkvorgänge verlaufen sind. Dann entdecken wir meist folgende Schritte: zuerst geht es um eingehende Klärung des Sachverhalts; daraus wächst die Einengung auf offene und strittige Fragen, also auf das Problem selbst; die Lösungsversuche (meist in offener Diskussion) schließen sich an, und zum Schluß wird festgehalten, welches Ergebnis wir gefunden haben, welche Meinungen konträr bleiben und welche Fragen für uns unlösbar erscheinen.

1.3 Eine Arbeitshaltung gewinnen, die einer Sache angemessen ist, den einzelnen human beansprucht und vor Schwierigkeiten nicht kapituliert

Eine Vorfrage: ist Arbeit an sich schon eine sittliche Kategorie wie etwa Wahrhaftigkeit, Sachlichkeit, Gerechtigkeit? Fürs erste sicherlich so wenig wie z. B. Sport, Spiel, Reisen. Aber wenn der Arbeitsgedanke verzerrt wird — wie auch Sport, Spiel, Reisen in menschenunwürdige Formen absinken können —, so wird die Bezogenheit auf sittliche Ansprüche sichtbar. Arbeiten ohne Maß — Arbeiten, um einen Konkurrenten zu erdrücken — Arbeit des bloßen Gewinnstrebens wegen — Arbeit geradezu als Kult: all dies zeigt, wie Arbeit sittliche Gesichtspunkte verfehlen kann.

Lernprozesse weisen so sehr Ähnlichkeit mit Arbeitsvorgängen auf, daß eine breite schulgeschichtliche Strömung laut die „Arbeits"-schule gefordert hat. Lernen und Arbeiten sind in mehreren Punkten verwandt; beide verlangen individuelle Anstrengung, verantwortliche Kooperation, klares Zielbewußtsein, sorgfältige Planung, faßbare Ergebnisse. Im Hinblick auf humane Qualitäten des Lernens in der Schule, soweit es hier als „Arbeit" verstanden werden kann, ergeben sich einige Teilziele, die hier kurz skizziert werden sollen:

● Der Schüler muß einsehen und akzeptieren, daß Lernen immer wieder Anstrengung und Mühe verlangt.

● Er muß einsehen und erfahren, wie er jene Schatten der Resignation und jene Schwierigkeitshürde überwinden kann, die mit jedem fruchtbaren und persönlichen Lernprozeß verbunden sind.

● So sehr das Lernen als Aufgabe bejaht werden muß, so sehr muß auch erkannt und danach gehandelt werden, daß es *allein* weder die ganze Aufgabe eines jungen Menschen ausmacht, noch das Glück und Heil des Menschen überhaupt bedeutet.

2. Erziehungsaufgaben im Sinne personaler Förderung

Der „Strukturplan für das Bildungswesen" (Deutscher Bildungsrat 1972) bezeichnet als „das umfassende Ziel der Bildung . . . die Fähigkeit des einzelnen zu individuellem und gesellschaftlichem Leben" (Teil I—3.1). „Als Erzie-

50

her soll der Lehrer dem Lernenden Hilfe zu persönlicher Entfaltung und Selbstbestimmung geben" (ebenda IV -- 2.1.2). Wenn auch die Befähigung zu individuellem und sozialem Leben in Wirklichkeit untrennbar ineinandergreifen, so ist es in einer theoretischen Überlegung doch berechtigt, Erziehungsaufgaben auseinanderzuhalten, die teils ihren Schwerpunkt im individuell-personalen Bereich haben und teils offenkundig stärker auf das soziale Leben bezogen sind. Selbstverständlich beschränkt sich die Entfaltung der individuellen Fähigkeiten nicht auf den sittlichen Aspekt, sondern umfaßt alle psychischen und physischen Fähigkeiten. Doch soll in unserem Zusammenhang davon abgesehen werden.

2.1 Rechte, die der Selbstbestimmung und Selbstverantwortung dienen, erkennen und aktiv aufgreifen

Wenn heute Mündigkeit als zentrale Aufgabe im Richtbild der Erziehung gilt, so wird der Bereitschaft und Fähigkeit, das eigene Leben selbständig und selbstverantwortlich zu bestimmen, eine besondere Bedeutung zuzumessen sein. Es ist von Kultur- und Sozialkritikern, sofern sie der Personalität und Würde des Menschen — auch im Sinne des Grundgesetzes — einen unbestrittenen Vorrang zuerkennen, oft und in vielen Abwandlungen dargestellt worden, wie sehr heute der Mensch in Gefahr ist, sich selbst zu verlieren, sein Dasein nicht gemäß persönlicher Entscheidung zu führen und so sein Leben durch einseitige Anpassung auf eine bloße „Schnittpunktexistenz" (Gehlen) einzuschränken. Die Entpersönlichung vieler Arbeitsbereiche, die Übermacht der Daseinsapparaturen, die Steuerung des Wertens und Verhaltens durch eine nivellierte allgemeine Meinung bewirken, daß es in einer sozialen und politischen Ordnung, die auf die Mündigkeit des einzelnen baut, immer mehr Unmündige aller Altersstufen gibt. Was „man tut" und „was alle meinen", das treibe und denke ich eben auch. Es ist das einfachste.
Das Grundgesetz gibt mit den Freiheitsrechten den Rahmen an, in dem Selbstbestimmung und Selbstverantwor-

tung sich besonders bewähren. Mit der Freiheit des Gewissens, der Meinungsäußerung, des Glaubens und der Wahl des Wohn- und Arbeitsplatzes sind wesentliche Rechte angesprochen, die nicht bloß passiv zum Schutze des einzelnen zu verstehen sind, sondern aktives Aufgreifen fordern. Die Freiheiten sollen nicht nur gehütet, sondern verwirklicht werden. Das heißt u. a.

- das Gewissen (gleichgültig, wie seine Entstehung erklärt wird) als bindend in Entscheidungssituationen betrachten;
- nicht feige schweigen, wenn ich aus Verantwortung zu einer Stellungnahme, die anderen unbequem ist, mich gedrängt fühle;
- eigene religiöse und politische Überzeugung gewinnen, bekunden und auch verteidigen.

Die Schule kann als Vorfeld betrachtet werden, in der das Ziel der Selbstbestimmung und Selbstverantwortung in ersten Schritten angegangen wird. Hierzu einige Anregungen:

Von Anfang an sind Kinder zu gewöhnen, selbständig zu denken und zu handeln, das Rechte zu tun, ohne erst den anderen (auch dem Lehrer) auf den Mund zu sehen; anzupacken, wo immer man sich dazu angetrieben fühlt.

Die Kinder haben das Recht, auch dem Lehrer gegenüber wirkliches oder vermeintliches Unrecht nicht schweigend und duldend hinzunehmen, sondern ihre Bedenken und Einwände vorzutragen. Diese Haltung gilt nicht nur bei der Verteidigung eigener Interessen, sondern auch dann, wenn ein Schüler für seine Mitschüler eintritt.

Hierher gehört auch die Förderung jener Selbständigkeit, die sich gegenüber den nivellierenden Tendenzen und Reaktionen einer Klasse oder Gruppe, erst recht gegenüber dem fast unerträglichen Druck einer Horde Gleichaltriger bewähren muß. Kinder müssen rechtzeitig dafür aufgeweckt und sensibilisiert werden, wie sie gegenüber der Gefühlsansteckung in einer Klasse oder Gruppe ihre persönliche Haltung wahren können. In manchen Unterrichtseinheiten kann diese Situation sehr wohl auch distanziert verdeutlicht werden (Massenreaktionen bei einer Revolution, bei Großkundgebungen; das Nebeneinander von *Hosianna* und von *Cruzifige;* die Propagandamethoden in totalitären Staaten; Anheizen einer Stimmung bei Versammlungen).

In unseren Schulen, die praktisch alle Gemeinschaftsschulen sind, muß für jede Gruppe und für jeden einzelnen das Recht der Religionsfreiheit anerkannt und aktiviert werden. Dies gilt nach jeder Seite: einerseits, wenn heute Widerspruch gegen konfessionelle Beeinflussung (oder auch Indoktrination) echt ist, andererseits auch für jene Haltung, die an manchen Schulen heute schon mehr Tapferkeit erfordert als oppositionelle Gleichförmigkeit, nämlich aktive Teilnahme an bekenntnisgebundener Religionsausübung.

2.2 Die Urteilsfähigkeit über das, was recht und gut ist, verfeinern und gleichzeitig die Bereitschaft und Fähigkeit stärken, vorbehaltlos für das richtig Erkannte einzutreten

Noch vor wenigen Jahrzehnten glaubte man in konservativen und christlichen Bevölkerungskreisen, genau sagen zu können, wie eine Handlung moralisch zu beurteilen sei. Heute ist die Sicherheit des sittlichen Urteils erschüttert. Was als gut oder schlecht gilt, ist weithin fragwürdig geworden. Wir müssen uns hier mit dieser Feststellung begnügen, ohne über die vielfältigen Ursachen nachzudenken, die zu diesem nahezu chaotischen Orientierungsverlust geführt haben.

Doch gibt es noch nach wie vor einen Konsensus. Grausamkeit und Greueltaten werden nicht nur von der Presse verurteilt, Treue steht noch immer höher als Verrat, wir empören uns über geplante Lügenhaftigkeit, und die Hilfe für Kranke, Kinder und Alte gilt nach wie vor mehr als rücksichtsloser Egoismus. Ungerechtigkeit in der kleinen, nahen mitmenschlichen Umwelt wie in der großen weiten Welt wird allgemein mit Erschrecken registriert. Aber der Zustand bleibt trotzdem widersprüchlich, und zwar aus zwei Gründen. Zum ersten: In der Verurteilung eines Terroraktes mögen wir (aber auch nur im großen und ganzen!) einig sein. Aber wie steht es mit den Maßstäben für die Beurteilung der meisten unserer alltäglichen Handlungen und Unterlassungen? Denken wir nur an das Verhalten im Verkehr, an unterlassene Hilfen, an gewisse Konsumgewohnheiten, an die landläufigen Methoden des Sich-Durchsetzens, an die unverantwortliche Zügellosigkeit des Geschlechtlichen! Wir flüchten uns in einen Relativismus, der sich dann in der Erziehung als totale Hilf- und Richtungslosigkeit auswirkt.

Zum anderen aber sind wir nicht nur stumpf und taub für sittliche Beurteilung geworden, sondern wir ziehen uns auch gar zu gerne in das Schneckenhaus der privaten Isolierung zurück. Wann sind wir bereit, aus der allgemeinen Gleichgültigkeit auszubrechen und jene Tugend der Tapferkeit wieder hochzuhalten, die darin besteht, für das als recht Erkannte einzutreten, dafür zu kämpfen, auch wenn wir dafür Ungelegenheiten und sogar Schaden in Kauf nehmen müssen? Diese notwendige Tapferkeit, dieser „Geist der Wachsamkeit" und des „Widerstandes" wird heute gelähmt durch „einen fortschrittlähmenden, klüglich-egoistischen Konformismus, Liebedienerei gegenüber der etablierten Gesellschaft, Autoritätsgläubigkeit aus Gewöhnung, Bequemlichkeit und Beschränktheit" (Fechner 1972, S. 572).

Die kurz skizzierte Situation reicht weit hinein in unser gesellschaftlich-politisches Leben. Uns geht es hier darum, ihre Bedeutung für die schulische Erziehung zu erkunden. Nach dem Gesagten haben wir es mit zwei Aufgaben zu tun: mit der *Sensibilisierung* für das, was recht und unrecht ist, und mit der aus persönlicher Initiative getragenen *Aktivierung* für das, was als recht erkannt ist. Es gibt genug Beispiele für Fehlformen moralischer Unterweisung in der Geschichte der Pädagogik. Bereits die Aufklärung hatte mit ihren moralisierenden Tendenzen begonnen, Unterrichtseinheiten, besonders literarischer Art, eindeutige moralische Ratschläge anzuhängen. Der Gesinnungsunterricht der Herbart-Zillerschen Schule reicht mit seinen Auswirkungen bis in die jüngste Gegenwart und führte schließlich zu jener Gegenbewegung, die ethische Auswertungen überhaupt als lächerlich erklärte. Dabei ist man über das Ziel hinausgeschossen. Zwar geht es nicht mehr darum, aus geschichtlichen Geschehnissen, Lesestücken, Berichten über Zustände unter anderen Völkern, aus Meldungen von aktuellen Geschehnissen kurzschlüssig moralische Regeln abzuleiten. Aber nach wie vor können wir auf die ethische Durchleuchtung menschlichen Verhaltens nicht verzichten. Die Frage nach gut oder schlecht bleibt, aber die Antworten sind differenzierter als je. Urteile können nicht anhand von Fehlerlisten abgegeben werden. Die Situation eines Menschen, Motive des Handelns, gesellschaftliche Abhängigkeit, psychische Verfassung, Vorgeschichte seines Lebens werden jeweils zu bedenken sein. Angesichts solcher Analysen bekommen wir Bedenken, wenn wir die Stempel aufsetzen sollen: gut oder schlecht. Und genau dasselbe gilt auch für sittliche Konflikte in der Klasse: Diebstahl, Unterschlagung, Raufhändel, Lügenhaftigkeit, Schamlosigkeit, Lieblosigkeit, Trotz usw.

Enden wir aber so nicht in einem bloßen Relativismus? Ist nicht „alles verstehen" gleich „alles verzeihen"? Wo sind noch Maßstäbe, die mehr sind als Verstehen und Verzeihen? Zwei Grundkategorien gültiger Sittlichkeit sollen hier genannt werden, die noch am ehesten allgemeine Gültigkeit beanspruchen können: Gerechtigkeit und Liebe.

Gerecht ist, wer dem einzelnen und jeder Gruppe gewährt, was ihnen zusteht, und zwar ohne Rücksicht auf sozialen Status, ohne Ansehen der Person, ohne nach Vorteil zu schielen oder Nachteile zu fürchten. Das größte Ärgernis, das Kinder an ihrem Lehrer erleben, ist wirkliche oder auch nur vermeintliche Ungerechtigkeit. Das bedeutet keineswegs „jedem das Gleiche". „Jedem das Seine" heißt vielmehr die Regel, die weit mehr Differenzierung und Unterscheidungsvermögen verlangt als die gedankenlose Gleichheit für alle. Kinder lernen sehr rasch, an ihr Denken und Handeln ein solches Richtmaß der Gerechtigkeit anzulegen. Hier ist wirkliche Sensibilisierung erforderlich, die jeweils die besonderen Umstände gewissenhaft in den Blick nimmt. Erziehungsaussprachen, je nach Umständen mit der ganzen Klasse, mit einer betroffenen Gruppe oder unter vier Augen, wecken und stärken Gefühl und Urteil für das, was in einer gegebenen Situation als gerecht gelten kann.

Was hier in kleinem Maßstabe angestrebt wird, muß heute ergänzt werden durch die vielschichtige und erregende Frage nach der Gerechtigkeit innerhalb unserer Gesellschaft und in der Welt. Hier kann sich sehr rasch erweisen, wie billig und verächtlich bloßer Konformismus und bequemes Ausweichen in der Urteilsbildung sind.

Ein weiteres Richtmaß für Wertungen ist mit einem Begriff gegeben, der heute einem verheerenden Mißbrauch ausgesetzt ist: Liebe. Liebe gibt dem andern mehr, als die Gerechtigkeit verlangt, sie denkt nicht an sich selbst, sondern an den anderen, sie begegnet mit besonderem, tätigem Wohlwollen jenen, die der Hilfe besonders bedürfen. Immer noch gelten die „großen Helfer der Menschheit" als „Helden", und wir haben allen Anlaß, in den Klassen aller Altersstufen jene Situationen aufzugreifen und zu fördern, in denen Kinder in echtem Wohlwollen diesem oder jenem Mitschüler begegnen könnten.

Sensibilisierung in der moralischen Urteilsbildung verlangt immer erneute Einübung. Zunächst geht es darum, jedes vorschnelle Beurteilen, Loben oder Verurteilen mit Vorsicht zu betrachten. Dann aber wird die Schule die notwendige Zeit für besinnliche Aussprachen bereitstellen müssen. Mit der Aufforderung „Darüber müssen wir genauer nachdenken", geraten wir unversehens in die Nähe meditativen Verhaltens, das am ehesten zu tieferen Klärungen führen könnte.

Die Aktivierung für das als richtig Erkannte muß in den kleinen Schritten des Schulalltags ihre erste Erprobung finden. Die Rede „Das geht mich nichts an" wird in möglichstem Umfang geächtet. Alles, was in einer Klasse geschieht, geht alle an. Es ist eine ganz gefährliche Redensart: Was dich nicht brennt, das blase nicht! Auch in der

Schulklasse kann der einzelne für Not und Schuld eines anderen mitverantwortlich sein. Gruppenarbeit, Partnerarbeit, erst recht das sog. Helfersystem sind nicht als einfaches Miteinander zu verstehen, sondern verlangen immer erneute Aktivität des einzelnen. Jeder muß bereit und fähig sein, Impulse für die Weiterarbeit zu geben und für das, was er als richtig erkennt, einzustehen (allerdings, wenn notwendig, auch einen Irrtum zuzugeben). Es ist eine allgemeine Erfahrung, wie besonders Gruppenarbeit versandet, wenn nicht wenigstens von *einem* Schüler Anregung, Impuls, Aktivität ausstrahlt. Wird die organisierte Schülermitverantwortung nicht nur als formale Ordnungshilfe für den Lehrer betrachtet, so kann sie zu einem besonderen Bewährungsfeld der Schüleraktivität werden. Hier können und sollen schulische Vorkommnisse, die sonst rein disziplinär und autoritär behandelt werden, von den Schülern selbst ins rechte Licht gerückt werden, und keine die Schüler berührende Angelegenheit der Schule soll grundsätzlich von einer aktiven Stellungnahme und Mitbestimmung der Schüler ausgeschlossen sein.

3. Erziehungsaufgaben sozialer Art

Schon bisher wurde deutlich, daß Sittlichkeit und moralische Erziehung nicht als etwas verstanden werden können, das allein die einzelne Person angeht. Die Vorstellung, eine Tugend könnte in einer nur mir gehörenden Innerlichkeit sich entfalten, sei also mein ureigenster Besitz, den ich eigensüchtig hüte, mag in der Geschichte mancher Religionen eine Rolle gespielt haben. Tatsächlich bleibt das Sittliche und das Gute immer etwas, bei dem ein Ich zu einem Du und zu einem Wir in Beziehung steht. Wenn hier trotzdem der soziale Aspekt eigens dargestellt wird, so deswegen, weil es Erziehungsaufgaben gibt, bei denen das Du und das Wir ganz besonders in den Vordergrund rücken.

3.1 Die Grenzen der eigenen Freiheit erkennen, Rücksicht üben und die Notwendigkeit sozialer Regelungen anerkennen

Die Freiheit des Menschen umgreift, wie jede ernsthafte Überlegung aufweist, auch einen sozialen Aspekt. Allerdings zeigt die Realität der heutigen Erziehungspraxis in Familie und Schule ein erschreckendes Mißverständnis darüber, was Freiheit sei. Lösung von jeder Bindung, Willkür und Ungebundenheit um jeden Preis werden als Freiheit verstanden und verteidigt. Eine solche Entwicklung nötigt, an Selbstverständlichkeiten zu erinnern. Der Mensch lebt nicht als Robinson auf einer einsamen Insel; wo Menschen Gruppen bilden, und sei es unter primitivsten Verhältnissen, bildet sich eine zwischenmenschliche Ordnung heraus, und selbst der Anarchist, der schärfste Gegner einer bestehenden Ordnung, fügt sich innerhalb des Kollektivs der Gleichgesinnten nicht selten Regelungen, die uns barbarisch erscheinen. Die Schule als eine Stätte gemeinsamen Lernens und Arbeitens kann sich nie und nimmer um die Aufgabe herumdrücken, gewisse Spielregeln als Ordnungsformen festzuhalten, diese möglichst einsichtig zu machen und mit ruhiger Konsequenz auf deren Beachtung zu dringen.

Die erste und einfachste Aufgabe in einem geordneten Zusammenleben heißt: Nehmt Rücksicht aufeinander. Es ist inzwischen bekannt, wie auch die sog. antiautoritäre Erziehung nicht ohne Bindung auskommt. A. S. Neill, ihr liberaler Wortführer, sagt sehr deutlich, daß Freiheit kein Berechtigungsschein für Zügellosigkeit ist: „Unter Zügellosigkeit verstehe ich die Beeinträchtigung der Freiheit des anderen. In meiner Schule steht es einem Kinde z. B. frei, am Unterricht teilzunehmen oder ihm fernzubleiben, denn das ist seine persönliche Angelegenheit. Es steht ihm aber nicht frei, Trompete zu spielen, wenn andere geistig arbeiten oder schlafen wollen" (Summerhill, 1971, S. 91 f.). Sicherlich wird bei rücksichtslosem Verhalten von Kindern zunächst der Lehrer mahnend eingreifen und vor allem den Störer erinnern: „Wie würdest du dich fühlen, wenn man dich nicht in Ruhe schreiben, nicht nachdenken, nicht ungefährdet die Treppe hinuntergehen ließe?" Gleichzeitig aber wird er das Thema Rücksicht — Rücksichtslosigkeit (auf der Straße, im Verkehr, im Hause, auf dem Spielplatz, am Arbeitsplatz . . .) in die Soziallehre einplanen. Aus solchen Überlegungen ergibt sich wie von selbst, daß Stück für Stück, und zwar gemeinsam mit der Klasse, gewisse „Schülerregeln" festgelegt werden. Sie brauchen und sollen nicht jene z. T. allzu präzisierten und repressiven Formen annehmen, wie sie aus sowjet-russischen Schulen berichtet werden*. Aber gewisse Formen und Spielregeln für das Unterrichtsgespräch, die Gruppenarbeit, den Umgang mit Arbeitsmitteln, für Spiel und Sport, für den Umgang untereinander und mit dem Lehrer werden zweckmäßig vereinbart und festgehalten.

---

* „Schülerregeln"

„Jeder Schüler ist verpflichtet, fleißig zu lernen und regelmäßig und pünktlich zum Unterricht zu kommen;

die Anordnungen des Direktors und der Lehrer widerspruchslos zu befolgen;

in die Schule alle nötigen Lehrbücher und Schreibmaterialien mitzubringen und vor dem Erscheinen des Lehrers alles für die Stunde Nötige bereitzulegen;

sauber gekämmt und ordentlich gekleidet zur Schule zu kommen; sofort nach dem Klingeln ins Klassenzimmer zu gehen und sich auf seinen Platz zu setzen, während des Unterrichts das Klassenzimmer nur mit Erlaubnis des Lehrers zu betreten oder zu verlassen;

im Unterricht gerade zu sitzen, sich nicht auf die Ellbogen zu stützen oder zu räkeln, den Erläuterungen des Lehrers und den Antworten der Mitschüler aufmerksam zuzuhören, nicht zu schwatzen oder sich mit Nebendingen zu beschäftigen;

aufstehen, wenn ein Lehrer oder der Direktor das Klassenzimmer betritt oder verläßt;

beim Antworten aufzustehen, eine gerade Haltung einzunehmen und sich nur mit Erlaubnis des Lehrers wieder zu setzen, sich vor jeder Antwort oder Frage an den Lehrer durch Handheben zu melden;

keine Schimpfworte und grobe Ausdrücke zu gebrauchen, nicht zu rauchen, nicht um Geld oder Sachen zu spielen.

Die Übertretung dieser Regeln zieht für den Schüler Strafen bis zum Ausschluß aus der Schule nach sich."

(Gmurman: Disziplin in der Schule. Aus dem Russischen übersetzt von H. Hoffmann, Berlin 1959. Zitiert nach W. Horney, H. A. Müller: Schule und Disziplin. Gütersloh 1964, S. 71 f.).

Daß der Lehrer in diese Regelungen mit einzubeziehen ist, hatte zu seiner Zeit schon Kerschensteiner erkannt, wenn er aus englischen Schulen folgende Mahnung mitgebracht hatte: Der Schüler will ebenso vornehm behandelt werden, wie sein Lehrer von ihm behandelt zu werden wünscht.

Einübung in Formen der Rücksichtnahme und einer schulisch notwendigen Ordnung ist selbstverständlich heute nicht mehr durch die autoritären Maßnahmen und die harte Strafpraxis der alten Schule zu erreichen, allerdings auch nicht durch blinde Gewöhnung. Die vorgreifende, die begleitende und nachfolgende Reflexion ist unentbehrlich. Sie wird im freien Unterrichtsgespräch bei gegebenen Anlässen, wie auch in der planmäßigen Thematik des Sozialkundeunterrichts von der ersten Klasse an ihren Platz haben. Kommen besondere individuelle Schwierigkeiten auf, oder meldet sich Eigeninitiative der Schüler mit neuen Vorschlägen, bleibt manche Regelung mißdeutbar oder ist überholt, so wird der Lehrer immer wieder die Zeit suchen, um darüber mit einzelnen, mit Gruppen oder mit der Klasse ein Gespräch zu führen. Mit einer Befehlsordnung wird das nicht erreicht, was erziehlich als Aufgabe gesetzt ist: die Grenzen der individuellen Freiheit zu erkennen und soziale Regelungen in die Einsicht und Eigenverantwortung der Schüler hineinzunehmen.

3.2 Zur Kooperation befähigen und Solidarität üben

Der Mensch ist immer und überall auf den anderen angewiesen, das ist eine Binsenweisheit. Nun ist in der Gegenwart der Prozeß allseitiger Verbundenheit und Abhängigkeit in unerhörtem Ausmaße gewachsen und läßt sich in den kleinen Geschehnissen des Alltags und der Alltagsarbeit nicht weniger aufweisen als in der weltweiten Verknüpfung des modernen politischen, wirtschaftlichen und kulturellen Lebens. Kooperation, hier verstanden als ein sozialer Prozeß, der ein gemeinsames Ziel anstrebt und darum Arbeits- und Verhaltensformen aufeinander abstimmt, und Solidarität, hier gemeint als ein Gefühl und eine Gesinnung der Zusammengehörigkeit, das zu gegenseitigem Beistand verpflichtet, erscheinen in der Folge unserer gesellschaftlichen Gegebenheiten auch als Aufgaben schulischer Erziehung. Inwieweit sie von vorneherein durch Organisationsformen — etwa durch die Gesamtschule — gefördert werden können, bleibt in unseren Überlegungen außer Betracht, da wir uns nur den unmittelbaren, „kleinen" Erziehungsmöglichkeiten zuwenden.

Eine Grundform der Kooperation und eine wichtige Möglichkeit zu deren Einübung ergibt sich durch das Gespräch. Die Zeiten bürgerlicher Hochkultur waren in Deutschland — allerdings nur für Minderheiten — Zeiten der Gesprächskultur; heute ist eine allgemeine Aufwertung des Gesprächs deswegen geboten, weil sich in ihm Grundregeln einer demokratischen Lebensform abbilden und weil seine Verwirklichung für die Demokratie erforderlich ist. Zwar fehlt es nicht an der Möglichkeit, Diskussionen führen zu können. Aber diese sind nicht selten, auch auf der Höhe wissenschaftlicher Auseinandersetzungen und nicht minder in der Politik, nur Additionen von Monologen, die womöglich vorher schon vorbereitet worden sind. Ein gutes Gespräch baut auf der Kunst des Zuhören-Könnens und des Aufeinander-Eingehens, auf der Gleichberechtigung aller Partner, auf der Freiheit, alles sagen zu dürfen, was zum Thema gehören könnte und auf dem gemeinsamen Willen, einen Sachverhalt zu größerer Klärung zu führen, als sie bislang bestand. Die Regeln, die sich aus solcher Einstellung ergeben, sind als solche zu erkennen und zu bedenken und dann ist nach ihnen zu verfahren: Sei ein guter Zuhörer! Führe nicht immer selbst das große Wort! Laß den anderen ausreden und beherrsche deine Ungeduld! Rede zur Sache und vermeide unnötige Abschweifungen! Suche die Gründe zu verstehen, die deiner eigenen Meinung entgegenstehen! Spiele nicht den Beleidigten, wenn du dich getäuscht hast! Mache niemanden lächerlich, auch keinen Abwesenden! — so oder ähnlich können Gesprächsregeln festgehalten werden. Sie klingen fast trivial und schlicht, und doch enthalten sie wesentliche und nicht leicht zu verwirklichende Prinzipien der Kooperation und einer elementaren Demokratisierung.

Ein weiteres Übungsfeld der Kooperation stellt die Gruppenarbeit dar. Es ist erstaunlich, wie schwierig Gruppenarbeit ist, wenn eine Klasse vorher — wie meist üblich — auf bloße Blockarbeit oder ausschließlich auf die Konkurrenz in der Einzelarbeit eingestellt war. Zusammenarbeit muß also regelrecht erst gelernt werden: das gemeinsame Planen, die Anwendung der Gesprächstechniken in einer Kleingruppe, der Verzicht auf Starrollen und individuellen Ehrgeiz, die zweckmäßige Verteilung von Funktionen, die Rücksicht auf Leistungsschwächere, die Bereitschaft zu Kompromissen, das gegenseitige Helfen u. a. mehr.

Aus der Kooperation erwächst die Solidarität, die allerdings keineswegs an die Kleingruppe gebunden bleibt, sondern die Klasse und darüber hinaus weitere soziale Bereiche zu umfassen hat. Sie erweist sich nicht allein im Verständnis für die Hilfsbedürftigkeit des anderen, sondern vor allem in der umfassenden Erkenntnis, daß wir alle auf die Hilfe anderer angewiesen sind, und auf die Bereitschaft, ohne Zögern zu helfen, wo Hilfe notwendig und möglich ist. An Gelegenheiten zu solchem Tun fehlt es in der Schule nicht. Sie beginnen beim Ausleihen der Farbstifte an den Nachbarn und beim Erklären einer Rechnung, die der andere nicht verstanden hat, und können in einer Sammelaktion für Notleidende einer Naturkatastrophe enden. Helfen soll aber „vernünftig" sein. Es ist keine vernünftige Hilfe, wenn der eine den anderen die Hausaufgaben abschreiben läßt. Hilfe sollte immer wieder Hilfe zur Selbsthilfe sein. Bei der seelischen Isolierung und individualistischen Fehlhaltung mancher Kinder ist es auch nötig, nicht nur zum Helfen zu führen, sondern auch zur Bereitschaft, sich helfen zu lassen.

Kooperation und Solidarität werden heute noch unter einem neuen Aspekt gefordert, nämlich unter Berücksichtigung schichtenspezifischer Gruppierungen und Absonderungen der Kinder. Jeder Lehrer wußte es schon immer, wie sich Kinder aus bestimmten gleichen Bevölkerungs-

schichten eng zusammenschließen. Solche Abkapselungen
können bis zur Bildung von Cliquen führen. Neuordnun-
gen im Schulsystem können hier sicher als Vorbedingung
einer besseren Integration und Kooperation betrachtet
werden. Aber darüber hinaus sind umsichtige und permanente Erziehungsmaßnahmen unentbehrlich. Vor allem
müssen Kinder aller sozialer Schichten in kleine Gruppen
zusammengeführt werden, dort kommen sie in unmittelbare menschliche Berührung, lernen sich kennen und
schätzen.

3.3 Das Anderssein anderer Menschen und Gruppen ver-
stehen und anerkennen

Wenn die Grundordnung unserer Gesellschaft der einzelnen Person einen besonderen Wert zuspricht, bejaht sie
auch sein Recht auf Einzigartigkeit und auf Wahrung seiner eigensten Interessen. Nivellierung, noch mehr aber
Unterdrückung und Mißachtung jener, die anders denken
als ich, sind einer Gesellschaft unwürdig, die grundsätzlich
die Achtung der Person mit der Anerkennung der Ver-
schiedenheit verbindet. Diese Tatsachen sind im politischen Raum mit den Leitbegriffen von „Toleranz" und
„pluralistischer Gesellschaft" deutlich angesprochen.
Im Raum der Schule und Schulklasse bedeutet die Anerkennung und Schätzung des Andersseins eine dauernde
Aufgabe. Kinder können, wie die Erfahrung zeigt, sehr
unduldsam und häßlich gegen Mitschüler sein, die nicht
ihrer gewohnten Art entsprechen, andere Lebensgewohnheiten haben, eine nicht übliche Kleidung tragen, eine andere Haartracht bevorzugen und ähnliches. Aus Gesprächen und Belehrungen muß hier eine Haltung erwachsen,
die ohne Zögern auch das Ungewohnte und Fremde akzeptiert. Oft kann ein einfacher Hinweis des Lehrers oder
auch eines wachen Mitschülers zum Nachdenken anregen: „Wie würdest du dich fühlen, wenn du in eine fremde Schule kämst und man dich dort schief ansähe oder gar
auslachte?"
Wenn auch die regionalen Verhältnisse und die geschicht-

lichen Traditionen sich verschieden auswirken, besteht doch immer noch das Problem der wechselseitigen Anerkennung zwischen Kindern verschiedener christlicher Bekenntnisse und auch zwischen kirchlich gebundenen und religionsfreien Kindern. Eine im Ansatz bereits geübte Anerkennung des Andersseins wird hier durch eine planmäßig aufgebaute Belehrung weitergeführt werden. Auch der moderne Religionsunterricht bemüht sich heute, jede Verketzerung Andersgläubiger abzulehnen, das, was christlichen Bekenntnissen und den Weltreligionen gemeinsam ist, zu verdeutlichen und die kritischen Epochen der Religions- und Kirchengeschichte möglichst objektiv darzustellen. Auch in der Schule muß klar ausgesprochen werden, was im öffentlichen Leben zu gelten hat: Was ein Mensch mit ehrlicher Überzeugung vertritt, verdient immer aufrichtige Achtung: Nicht nur „Duldung", wie Toleranz manchmal mißverstanden wird.

Die Anwesenheit der Kinder von Gastarbeitern stellt in unseren Schulklassen heute besondere erziehliche Aufgaben. Sie reden eine andere Sprache, haben andere Lebensgewohnheiten, fühlen sich selbst meist fremd und zurückgesetzt, nicht zuletzt auch deswegen, weil sie merken, daß sie einer Bevölkerungsschicht angehören, die in unsere Gesellschaft noch kaum eingegliedert ist. Hier sind, wie bei allen Erziehungsaufgaben, wiederum Einsicht und Einüben laufend zu koordinieren. Im gemeinsamen Spiel und Sport, in der unterrichtlichen Gruppenarbeit, in Gemeinschaftsarbeiten, bei Wanderungen und auch in dramatischen Darstellungen verschiedenster (vor allem auch pantomimischer) Art kommt es zu immer engeren Begegnungen. Diese werden begleitet von einem Unterricht, der — auch wenn die Thematik noch nicht im Lehrplan „an der Reihe" ist — lebendige Anschauungen jener Länder und Landstriche vermittelt, aus denen die fremden Kinder kommen. Dazu ist die wirtschaftliche Frage zu stellen: Was wäre, wenn uns keine Fremdarbeiter am Bau, in den Fabriken, in den großen Autowerken, an den Tankstellen, in den Gaststätten und Hotels usw. helfen würden?

Ein letztes Problem der „Toleranz" ergibt sich im Bereich

der Politik, insbesondere im Hinblick auf die politischen Parteien. Jeder Hauptschullehrer weiß, wie — nicht nur in Zeiten eines Wahlkampfes — die Wellen der politischen Gegensätze auch in die Schule schlagen. Gerade hier werden alle jene Spielregeln zu erproben sein, die für die Gesprächserziehung bereits entwickelt worden sind. Dazu kommen aber Einsichten, die spezifisch dem Politischen angehören z. B.: Bei politischen Entscheidungen gibt es häufig kein unbedingtes „richtig" oder „falsch", nur ein „besser" oder „weniger" gut; die Vielfalt politischer Parteien ist wie die Opposition notwendig, um die Gefahr des Machtmißbrauches zu bannen.

Vor allem aber muß mit Nachdruck erkannt und geübt werden, daß Informieren *vor* jedem Urteilen steht. Es schadet nichts, wenn dann sogar mit Erschrecken erkannt wird, wieviel man wissen muß oder wissen müßte, um einigermaßen urteilen zu können. Verschriebe sich die Schule einer parteipolitischen oder einseitig ideologischen Indoktrination, so wäre das nicht nur das Ende der Demokratie, sondern auch der entscheidende Schlag gegen jede Erziehung, die in der Mündigkeit der Bürger ihr Ziel sieht.

3.4 Konflikte verstehen und sie fair und sachlich austragen

Wenngleich die Hoffnungen auf eine allseits befriedete Welt, auf eine vollkommene Gesellschaft und damit auf Harmonie und Frieden in der Welt nie aussterben werden, wird niemand leugnen, daß die reale Menschenwelt immer mit Konflikten geladen ist. Die Sozialwissenschaften suchen heute diesen Sachverhalt mit umfangreichen Untersuchungen zu belegen, zu erklären und daraus Folgerungen abzuleiten. Immer stehen berechtigte Interessen der einzelnen und der Gruppen, die Sonderheiten der Charaktere, die sozialen und wirtschaftlichen Verhältnisse, Reichtum und Armut, dazu religiöse, weltanschauliche und politische Überzeugungen nicht nur nebeneinander, sondern bis zur Unversöhnlichkeit gegeneinander. Die

Frage kann auch für den Lehrer nicht lauten, ob es Konflikte gibt, sondern wie man sie überwindet und auf eine menschenwürdige Art mit ihnen zurecht kommt.

Selbst wer der Meinung ist — und wir sind es nach unserem anthropologischen Ansatz sicherlich nicht — die Schule müßte in den Dienst des Klassenkampfes gestellt werden, wird im mitmenschlichen Nahraum, also unter den Schulkameraden, in den Freundschaftsgruppen, in der Familie usw. sich bemühen, auf eine humane Art mit Konflikten zurechtzukommen.

Das Schulleben ist nirgends von Konflikten frei. Kleinere und größere Streitigkeiten unter den Schülern sowie zwischen Schülern und Lehrern gehören zum Bilde jeder Schulklasse und jeder Schule. Bloße Unterdrückung solcher Spannungen durch eine autoritäre Droh- und Strafpraxis wird zwar erreichen, daß Konflikte innerhalb der Schule nicht in Erscheinung treten, aber um so schlimmer werden, wenn sie außerhalb der Schule wuchern.

Für die Praxis einer schulischen Erziehung gibt es eine Reihe von Möglichkeiten, mit Konflikten zurechtzukommen. Klar muß sein, daß Konflikte durch die Anwendung physischer Gewalt nicht gelöst werden. Wer bei einer Rauferei der Stärkere ist, ist deswegen noch lange nicht im Recht. Dabei verhehlen wir uns nicht, wie schwierig eine umsichtige Konfliktregelung in unseren Schulen ist, besonders dann, wenn mehr und mehr die erziehliche Führung durch einen Klaßlehrer geschmälert ist und Fachlehrer aus vielen Gründen kaum eingreifen können.

Doch bleibt die Notwendigkeit: der Lehrer muß bei der Lösung von Konflikten Helfer und Berater sein, damit schließlich die Schüler selbst Methoden in der Hand haben, um Konflikte zu regeln. Eine Stufung in einer Konfliktregelung kann durchaus einsichtig gemacht werden:

Zunächst geht es um die Absicherung einer möglichst sachlichen Basis, wozu eine Aussprache der beste Weg ist; vielleicht zeigt sich dabei, wie viele Mißverständnisse im Wege standen und nur ausgeräumt werden müssen.

Dann muß erreicht werden, daß die berechtigten Interessen auf jeder Seite anerkannt werden.

Lösungsmöglichkeiten sind je nach Art des Konflikts verschieden: bei einem Vorhaben in einer Klasse, so bei der Planung eines Ausfluges, ist z. B. ein Kompromiß möglich. In einem anderen Fall kann, entsprechend den Spielregeln der Demokratie, ein Mehrheitsentscheid gesucht werden, wobei aber klar sein muß, daß die Mehrheit nicht „Sieger" schlechthin ist, sondern gleichzeitig Wahrer der Interessen der Minderheit. Auch der Rückzug auf einen Schiedsrichter ist durchaus annehmbar, wenn der Schiedsrichter, ob Lehrer oder Mitschüler, das Vertrauen der Beteiligten besitzt.

Alle Beteiligten müssen sich von der naiven Vorstellung frei machen, eine Lösung wäre in jedem Fall möglich; je tiefer eine Spannung reicht, um so mehr muß man damit rechnen, „mit Konflikten zu leben"; dann aber wird die größere menschliche Aufgabe sichtbar, nämlich eigene Empfindlichkeit abzulegen, Trotz und Gehässigkeit nicht aufkommen zu lassen; den Gegner nach wie vor menschlich anzuerkennen, wenn auch die sachlichen Konflikte bestehen bleiben, insgesamt also Fairneß zu bewahren.

Verständlich, daß für so umsichtige Konfliktregelung der Raum des schulischen Lebens bald zu eng ist. Aber die ersten Schritte einer so gearteten Friedenserziehung müssen in der Schule erlebt werden. Dann haben auch die großen und zahlreichen Themen einen Platz, welche das Thema Krieg und Frieden, Kampf und Niederlage und Sieg behandeln. Die Geschichte ist leider angefüllt mit Auseinandersetzungen, die weit öfter durch gewalttätige Lösungsversuche als durch die Bereitschaft zu friedlichen Regelungen oder gar zu Versöhnung gekennzeichnet sind. Die Friedenspädagogik nimmt sich heute besonders um diese Themen an, wobei es nicht nur um die Kämpfe zwischen Ländern und Völkern, sondern auch um die sozialen Klassenkämpfe geht. Gegenüber einer Jahrhunderte alten Heroisierung des Krieges ist hier im Hinblick auf den Unterricht weithin eine ganz neue Aufbereitung des Lehrgutes notwendig, wobei weniger die jeweiligen Abläufe, als die Ursachen, Motive und hintergründig wirksamen Machtgruppen zu bedenken sind.

Das schulische Leben kennt auch Konflikte zwischen Lehrern und Schülern. Schule erscheint vielen geradezu als Kampfplatz, auf dem die mächtigeren Lehrer die ohnmächtigen und abhängigen Schüler unterdrücken. Manchmal kommt es zu offenen Konflikten, ein anderes Mal schwelen die Kämpfe wie ein unterirdischer Brand. Wie kann eine Konflikterziehung damit zurecht kommen? Bei den heutigen Verhältnissen bieten institutionalisierte Formen der Mitbestimmung erfahrungsgemäß nur ungenügende Möglichkeiten. Das Übel der Spannungen sitzt tiefer. Was notwendig ist, wäre sowohl eine „Umerziehung der Schüler" wie eine „Umerziehung der Lehrer". Aufsässigkeit oder Liebedienerei auf der Schülerseite sind so wenig tauglich wie Autoritätsgehabe oder Anbiederung auf der Lehrerseite. Der Rückgriff aufs Elternrecht ist so fragwürdig wie der Anruf an die Schulaufsicht. Was bleibt also? Wohl nichts anderes, als je nach Sachlage eine modifizierte Stufung einer Konfliktregelung zu versuchen, wie sie oben gekennzeichnet ist: Gesprächsbereitschaft, Abbau des gegenseitigen Mißtrauens, Offenheit, Bereitschaft zum Eingeständnis von Irrtümern, Anbahnung eines partnerschaftlichen Führungsstiles. Unter solchen Voraussetzungen müßten Schulkonflikte zwischen Lehrerschaft und Schülerschaft vernünftigen Lösungen auch heute noch am ehesten zugeführt werden können.

Der Katalog von Erziehungsaufgaben, der hier angeführt ist, soll lediglich ein Vorschlag und ein Provisorium sein, und, wie schon eingangs gesagt, jeder Änderung und Erweiterung offen stehen. Daß die unwissenschaftliche Empirie, auf welcher er aufbaut, zu einer gewissen Verflachung nötigt, sei ohne weiteres zugestanden. Denn sicherlich wird der, der Erziehung auch in unserer pluralistischen Gesellschaft ernsthafter und tiefer begründen will, je nach Überzeugung in der Ethik des Christentums, oder in der des Liberalismus, auch in jener des Marxismus, eine je eigene Basis finden können, welche weitere Aspekte eröffnet, aber doch dem Gemeinsamen, das zu zeichnen wir versucht haben, nicht im Wege steht.

Zur Rolle der Schule im Sozialisierungs- und Erziehungsprozeß

1. Bildungssystem und Sozialisierung

Schule und Unterricht haben in jüngerer Zeit ein eigenartiges Selbstverständnis gewonnen. Schulen sind zu Institutionen geworden, in denen relativ isoliertes Fächerwissen vermittelt wird. Das Ziel des Unterrichts wird vor allem in der Vermittlung von Qualifikationen gesehen, die möglichst unabhängig von einer spezifischen Situation je nach Bedarfslage der Wirtschaft bzw. der Gesellschaft eingesetzt werden können. Niemand meint ernsthaft, daß diese Ausstattung für das Leben in unserer Gesellschaft hinreicht. Dennoch will man sich ausdrücklich mit der Förderung bestimmter Bereiche begnügen, vorwiegend mit fachspezifischen Leistungen.

Diese Entwicklung ist historisch verständlich, wenngleich sie niemals in der Intention pädagogischen Denkens lag. Alle bedeutenden Pädagogen waren sich darin einig, daß Unterricht, ob einzeln erteilt *(Rousseau, Herbart)* oder in Klassen *(Comenius, Pestalozzi)* in erster Linie erziehende und bildende Funktion besitze. Diese alte Zweiteilung von Bildung und Erziehung läßt sich heute wohl nicht mehr aufrechterhalten. Beide zusammen können dem Unterricht gegenübergestellt werden, der isolierte Qualifikationen oder Leistungen fördern will.

Man muß sich vergegenwärtigen, daß diese Entwicklung durch unsere „gesellschaftliche" Situation, in der wir leben, mitbedingt ist. Genau wie man in der Wirtschaft Waren nach ihrer Funktion, ihrem Zweck einzuschätzen gewohnt ist, beurteilt man die Produktionskraft des Menschen nach ihrem Nutzen für bestimmte Ziele. Man hat sich angewöhnt, nicht in erster Linie nach der „Persönlichkeit" des einzelnen zu fragen, sondern schlicht nach dem

Nutzen, den er in der ihm übertragenen Position einbringt.

Auch die Reform der Lehrpläne hat offensichtlich hauptsächlich bezweckt, daß mehr noch als zuvor ein abrufbares und kontrollierbares Wissen und Können erzielt wird, Qualifikationen, die ihre Legitimierung schulimmanent erhalten haben, die später einmal als Inventar zur Verfügung stehen und im Idealfall einfach als Programme aufgerufen werden können.

Dieser Tatbestand erscheint hier als Negativum, obwohl wir lediglich eine präzise Beschreibung versucht haben. Positiv an dieser Tendenz war die Bescheidung auf Ziele, die zum einen leichter überprüfbar sind, zum andern für die späteren beruflichen Aufgaben relevant erscheinen. So besehen könnte man sich mit den neu formulierten Aufgaben der Schule zufriedengeben. Der Rest der im Sozialisierungsprozeß anstehenden Aufgaben müßte dann von anderen Instanzen geleistet werden.

Eine solche Schlußfolgerung ist nicht zulässig. Zum einen bewirkt, wie man sehr gut verfolgen kann, der Unterricht ganz bestimmte Effekte im Sozialisierungsprozeß, da es eben doch keinen wertfreien und rein auf sachliche Qualifikationen bezogenen Unterricht geben kann. Zum andern erscheint ein Mensch, dessen isolierte Qualifikationen nach Belieben, von wem auch immer, abgerufen werden können, nicht als Träger unserer Gesellschaft geeignet zu sein. Er würde sich wertneutral wie eine Maschine zum Bösen wie zum Guten zur Verfügung stellen, die unsinnigsten Ziele realisieren helfen, auch solche, die ihn schließlich selbst zugrunde richten.

Solche Menschen erziehen wir nicht. Oder sind wir doch schon auf dem Weg dazu? Gibt es am Ende bereits eine Wirtschafts- und Gesellschaftsform, in welcher der einzelne nicht mehr erkennen kann, wofür seine Arbeitskraft genutzt wird? Eine differenzierte Gesellschaft wie die unsrige verlangt diese extreme Form der Arbeitsteilung bis zu einem gewissen Grad, doch zeichnen sich allenthalben Grenzen ab, die eine weitere Verfremdung und Bewußtseinsverminderung als äußerst gefahrvoll erscheinen lassen. Das weltweite Umweltschutzproblem ist wohl die am deutlichsten sichtbare Mahnung.

Es steht außer Frage, daß der moderne Unterricht sich auf seine Aufgabe neu besinnen muß. Diese Besinnung hat bereits eingesetzt und findet in der theoretischen und praktischen Entwicklung von Curricula ihren Niederschlag. Die Entfremdung der Schule vom sozialen Leben, von der gesellschaftlichen Realität hat zu radikalen Gegenbewegungen geführt, wie die bekannte These von *Illich,* das Kind ohne Schule zum Mitglied der Gesellschaft zu erziehen. In Deutschland ist als Befürworter einer starken Veränderung schulischer Erziehungsaktivität in Richtung auf größere Lebensrelevanz vor allem *v. Hentig* bekannt geworden (*v. Hentig,* 1969, 1970).

Obwohl es sich im folgenden um eine Darstellung des Problemkreises aus psychologischer Sicht handelt, kommen wir nicht ohne eine wertorientierte Zielsetzung des Sozialisierungsprozesses aus. Denn nur auf dieser Basis lassen sich, wie noch zu zeigen sein wird, auch von der Psychologie her sinnvolle Aussagen machen. Die Herleitung des Zieles wird relativ allgemein vollzogen, sie kann aus Gründen des hier gesetzten Umfangs der Darstellung nicht detailliert erfolgen.

Die phylogenetische Entwicklung des Menschen liefert uns Hinweise, welchen Fortschritt die Spezies Homo Sapiens gegenüber den Säugetieren im allgemeinen und niedrigeren Tierformen überhaupt bedeutet. Es ist dies die Fähigkeit, Materie der Umwelt außerhalb des Zweckes der biologischen Verdoppelung nach Belieben, präziser: nach eigenen Plänen, umformen zu können. Das Ergebnis dieser Fähigkeit war die vollkommene Umgestaltung unserer Erdoberfläche, letztlich allerdings auch die Gefährdung der eigenen Lebensbedingungen. Mit dem Menschen und seiner Fähigkeit zur Umgestaltung von Materie außerhalb der biologischen Fortpflanzung wurde die Ereignisfolge in der Welt um eine riesige Zahl von Freiheitsgraden vergrößert. Nicht allein mehr die physikalischen Gesetze der „Ausformulierung von Materie", nicht mehr allein die in den Genen der Chromosomen verschlüsselten Anweisungen zum Aufbau von Organismen bedingen die Vielfalt von Erscheinungen, der Mensch entwirft neue Pläne und Anweisungen für die Zusammensetzungen von Materie und vergrößert auf diese Weise die Möglichkeiten von Erscheinungsweisen und deren Kombinationen ins Unermeßliche.

Was liegt näher, als diese Möglichkeiten des Menschen offen zu lassen, und nicht umgekehrt sie einzuschränken? Es kann gezeigt werden, daß wir im Begriffe sind, tatsächlich eine solche Restriktion gewaltigen Ausmaßes vorzunehmen. Wiederum ist hier nicht der Ort, diesen Nachweis zu führen. Es genügt die Formulierung eines allgemeinen Ziels, auf das sich Vertreter verschiedenster Interessenrichtungen und Ideologien einigen können. Dieses Ziel heißt auf lange Sicht: Vermehrung der möglichen Freiheitsgrade des Menschen. Konkretisieren wir dieses allgemeine Ziel auf das Individuum und seinen Werdegang im Sozialisierungsprozeß, so können wir ein Ziel im Hinblick auf die Einzelperson formulieren, das allerdings nicht den alleinigen Aspekt einer Höherentwicklung der Gesamtgesellschaft und -kultur darstellt. Dieses individuelle Ziel kann als Gewinnung persönlicher Autonomie und zugleich als Eintreten für die Autonomie anderer (Solidarisierung mit den an ihrer freien Entfaltung gehinderten Personen) umschrieben werden. Was Autonomisierung (Emanzipation) im konkreten Fall bedeutet, wird im folgenden an einigen Beispielen zu erläutern sein. Schon jetzt wird deutlich, daß in dieses Ziel Wertvorstellungen des christlichen Abendlandes vergangener Epochen miteingehen, andererseits psychologische und soziologische Begriffsbildung Pate gestanden hat, und schließlich die demokratische Gesellschaftsordnung Berücksichtigung findet. Letzterer Aspekt verdient noch eine Erläuterung. Eine demokratische Ordnung läßt sich nur dann herstellen bzw. aufrechterhalten, wenn der einzelne als Träger dieser Ordnung hinreichende Kompetenzen und Qualifikationen besitzt. Zu diesen Leistungsbedingungen gehört unter anderem auch das Eintreten für soziale Gerechtigkeit und für die Herstellung von Chancengleichheit. Es wäre falsch, wollte man dem Staat allein diese gesellschaftliche Aufgabe zuschieben; das hieße, den Bürger als Souverän des Staates entmündigen.

Es leuchtet ein, daß der Sozialisierungsprozeß, die menschliche Persönlichkeitsentwicklung, bislang nicht hinreichend dieser Zielsetzung genügen konnte. Dazu bedarf es fördernder Lernbedingungen und Lerninhalte, an die man gegenwärtig immer noch zu wenig denkt, die man für selbstverständlich und gewissermaßen „natürlich" ansieht. Anders ausgedrückt, man meint, daß sich der Mensch schon von selbst zu einer autonomen, sozial verantwortungsbewußten und aktiven Persönlichkeit entwickelt. Dies allerdings ist ein schmerzlicher Irrtum, und alle großen Ethiker vergangener Jahrhunderte wußten, daß nichts schwerer ist, als den Menschen aus seinem Egozentrismus und Egoismus zu befreien. Im folgenden wird zu zeigen sein, welche Entwicklungsbedingungen nötig sind und wie die Schule hierbei wirksam werden kann.

2. Entwicklung von Wertstrukturen

Das menschliche Lernen kann als Sozialisierungsprozeß beschrieben werden, der im Optimalfall die Züge der Autonomisierung und sozialen Aktivität trägt. Alle wesentlichen Züge der Sozialisierung beinhalten die Übernahme von kulturellen Normen, die als Aufbau von Wertstrukturen beim Individuum gekennzeichnet werden können. Das, was unser Leben in allen wichtigen Situationen, ja in allen Situationen, die überhaupt für uns Bedeutung haben, prägt, sind die wertorientierten Entscheidungen, die wir fortlaufend zu fällen haben. Die Grundlage für solche Entscheidungen bildet das Wertsystem des einzelnen. Die erziehungs- und schulrelevante Beschreibung des Aufbaus solcher Wertsysteme müßte daher von zwei Erkenntnissen ausgehen:

1) *Der Aufbau von Wertstrukturen vollzieht sich nicht naturnotwendig, sondern hängt von den Zielen und So-*

zialisierungsgepflogenheiten der umgebenden Kultur ab.
Nicht nur die Inhalte dessen, was man für wertvoll und
erstrebenswert hält, sind ein Erzeugnis der Kultur, sondern auch die Art und Weise, wie das Wertsystem für
eine Entscheidung genutzt werden kann. Eine Gesellschaft, die auf starre Einhaltung äußerer Normen besteht
(wie z. B. Primitivkulturen), kann die Kontrolle des Verhaltens durch ein internalisiertes persönliches Wertsystem
nicht dulden. Eine Gesellschaft, die Gewissensfreiheit und
Gewissensentscheid respektiert, muß riskieren, daß die
persönliche autonome Entscheidung anders als geplant
ausfällt und daß Mißbrauch mit der gewährten Freiheit
getrieben wird.

2) *Das Erziehungs-(Sozialisierungs-)ziel bestimmt die
Auswahl der Lernprinzipien und -vorgänge mit, die beim
Aufbau von Wertstrukturen beteiligt sein können.*
Es gibt sehr wirksame Lernprinzipien, die der persönlichen Autonomisierung entgegenstehen, aber heute noch
stark die Entwicklung des Kindes mitbestimmen, wie z. B.
Reiz-Reaktions-Koppelungen. Unsere Aufgabe besteht
darin, nach Lern- und Entwicklungsmöglichkeiten Ausschau zu halten, die eine Entwicklung zu einem wünschenswerten Ziel hin gewährleisten. Der umgekehrte
Weg, die Erziehung nach unveränderlichen psychologischen Gesetzmäßigkeiten auszurichten, führt in die Irre.

2.1 Widersprüche und Diskontinuität im Sozialisierungs-
prozeß

Die heute beobachtbare Entwicklung von Werthaltungen
weist eine gewisse Widersprüchlichkeit in der Erziehung
auf, die mit dafür verantwortlich ist, daß der Jugendliche
in Schwierigkeiten gerät. Nahezu alle Untersuchungen
über diesen Bereich in unserem Kulturkreis haben gezeigt, daß das Kind zunächst ein Wertsystem aufbaut, das
stark vereinfacht wesentliche Normen der umgebenden
Kultur widerspiegelt. Aber das Wertverständnis des Kindes ist insofern verkürzt, als seine Welt, in der es sich nach
diesen Werten entscheiden soll, (1) in vielen Bereichen gar

nichts mit den Realisierungsmöglichkeiten von kulturellen Normen zu tun hat und (2) in relevanten Bereichen vielfach als eine „heile Welt" vom Erwachsenen aufgebaut wird, in der es keine Konflikte zwischen verschiedenen Wertgeltungen und Wertsystemen gibt. Beides führt gerade für den geistig regen Jugendlichen zu ernsthaften Schwierigkeiten. Denn spätestens mit etwa zwölf Jahren merkt der Heranwachsende, daß die Normen, die er internalisiert hat, nicht selbstverständlich sind, sondern in Frage stehen. Er merkt weiterhin, daß in der sozialen Wirklichkeit die geltenden Normen nicht einfach radikal verwirklicht werden bzw. als Handlungsparameter wirksam sind, sondern in sehr komplizierter und differenzierter Weise gehandhabt werden. Manche Normen werden nur verbal zum Ausdruck gebracht, andere wieder gelten nur in bestimmten Situationen. Es gibt auch Normen, die — bezogen auf bestimmte Situationen — „falsch" sind. Falsch ist es, einem Häßlichen zu sagen, er sei häßlich. „Falsch" ist es aber auch nach Ansicht der meisten Staatsbürger, dem Finanzamt die volle Wahrheit zu sagen.

Widersprüchlichkeit und Diskontinuität im Sozialisierungsprozeß lassen sich sowohl bei den einzelnen Erziehungsinstanzen wie Familie und Schule, als auch in der Gesamtgesellschaft aufzeigen. Greifen wir einige typische Bedingungen heraus.

Die Eltern als Erziehungsinstanz sorgen allein schon durch das unterschiedliche subkulturelle Milieu, dem sie angehören, für Diskrepanz im Sozialisierungsvorgang. Die in der Subkultur geltenden Normen und Hierarchien stimmen gewöhnlich nicht mit den spezifischen Normen der Schule und denen der Wirtschaft überein. Bekannt sind die unterschiedlichen Wertvorstellungen der Eltern in bezug auf Erziehungsfragen (Konservativismus versus Liberalismus, Progressivismus versus Traditionalismus)[1], in bezug auf den Zusammenhang zwischen Bildung und Einkommen bzw. sozialem Status (*Arnold,* 1968) und hinsichtlich des Wertbegriffs von Glück und Erfolg (*Oer-*

---

[1] Siehe *F. N. Kerlinger* (1961).

ter, 1970). Je nach subkulturellem Milieu (Stadt — Land, Mittelschicht — Unterschicht, Abhängigkeit am Arbeitsplatz, religiöse und politische Tradition) beobachtet man beträchtliche Unterschiede in den genannten Bereichen. Die hier vorhandenen Wertsysteme bestimmen die Erziehung bis zu einem hohen Grade mit und sorgen für den Aufbau von Werthaltungen beim Kind, die früher oder später mit anderen Wertgeltungen, die es ebenfalls in unserer Gesellschaft gibt, in Widerstreit geraten. Dieser Umstand ist an und für sich noch nicht tragisch, doch fehlt es an Vorbereitung auf solche Konfliktsituationen, vor allem an der Vermittlung von Strategien, wie man mit diesen Schwierigkeiten fertig werden soll. Auch der Erwachsene ist vielfach nicht in der Lage, andere Normen oder bei sozialen Partnern anzutreffende Überzeugungen als gegeben hinzunehmen, sondern reagiert mit affektiver Ablehnung. Er ist dann weder imstande noch willens, sich die Argumente des andern anzuhören oder seine Entwicklung zum jetzigen Standpunkt zu verstehen.

Noch in anderer Hinsicht erfährt der Sozialisierungsprozeß widersprüchliche erziehliche Einflüsse. Alle Eltern neigen dazu, die Normen zu vermitteln, die ihnen in der eigenen Kindheit lieb und teuer waren. Sie verwenden weiterhin Erziehungsgepflogenheiten, die ihre eigenen Eltern benutzten. Andererseits sind sie sich oft bewußt, daß die Jugend und die umgebende Gesellschaft andere Normen hat oder anstrebt. Angesichts der Pluralität von Wertgeltungen herrscht eine große Unsicherheit, wozu man erziehen soll und mit welchen Mitteln man als Erzieher vorzugehen hat. Die Unzufriedenheit mit der am eigenen Leib erfahrenen Erziehung führt die Eltern zu dem Wunsch, es bei ihren eigenen Kindern besser zu machen. In der Regel allerdings hat dieser Wunsch lediglich zur Folge, daß man dem Kind mehr Wünsche erfüllt, als man selbst erfüllt bekommen hat. Die Vermengung von traditionellen Erziehungsvorstellungen mit einem Laissez-faire-Verfahren ist nicht dazu angetan, autonome Persönlichkeiten zu entwickeln, denn dazu gehört vor allem, daß man sich der Normen, an denen sich das Handeln ausrichtet, bewußt wird, und daß man zu ihnen kritisch und distanziert Stellung beziehen kann.

Die Situation des Lehrers als Erzieher ist nicht viel anders als die der Eltern, sofern man seine Zielvorstellungen ins Auge faßt. Der Lehrer hat wie die Eltern tradierte Erziehungsnormen und besitzt gewisse Techniken der Menschenbehandlung, die er teils als Ergebnis seines eigenen Sozialisierungsprozesses, teils als Folge seiner Unterrichtserfahrung zum Einsatz bringt. Auch er ist sich seines Vorgehens nicht mehr so sicher wie noch vor fünfzehn oder zwanzig Jahren. Bewußt oder unreflektiert spürt er die Widersprüche zwischen der augenblicklichen Schulsituation und den Anforderungen der Gesellschaft. Es darf daher nicht verwundern, daß die Aussicht, ganz aus dem Erziehungsprozeß „im engeren Sinn" herauszukommen, begierig aufgegriffen wird. Wenn man die Schule nur noch als Stätte der Vermittlung von bestimmten eng umgrenzten Qualifikationen und als Möglichkeit einer Förderung „absoluter" kognitiver Leistungen ansieht, ist man fein heraus. Man braucht sich nicht mehr um die Nöte und Bedürfnisse des einzelnen oder der Gesellschaft zu kümmern, man muß nicht mehr fragen, was wertvoll für eine Gesellschaft ist, und man braucht auch nicht mehr über den Sinn des Lebens nachzudenken. Man kann dann ruhigen Gewissens als Lehrer für eine fiktive Ausstattung sorgen, die unabhängig von bestimmten Erziehungszielen und Gesellschaftsnormen nötig ist. Daß eine solche unabhängige Ausstattung immer mehr zur Illusion wird, haben wir schon im ersten Abschnitt zum Ausdruck gebracht. Unter psychologischem Aspekt kommt dem Bildungssystem bei der Sozialisierung und besonders beim Aufbau von Wertsystemen zentrale Bedeutung zu, einfach deswegen, weil der Heranwachsende so viel Zeit in der Schule verbringt. Er lernt, ob es der Lehrer will oder nicht, wichtige Orientierungsparameter beiläufig. Die wichtigsten von ihnen lassen sich vielleicht umreißen als folgende Ziele: Gewinnung eines hohen Lebensstandards (Erwerb von begehrenswerten Gütern, hohe Konsumrate), Erreichen eines hohen sozialen Status (Aufsteigen in einer als hierarchisch gegebenen Gesellschaftsordnung), Produktion von Leistungen (Arbeitskraft mit steigendem Wert). Solche Wertorientierungen führen, gerade weil sie nicht kritisch und reflektiert diskutiert werden, zu der bekannten Grundeinstellung in der Lebensplanung, die das eigene Wohl über das Wohl der Gemeinschaft stellt, die soziale Ungerechtigkeit — sofern man nicht selbst davon betroffen ist — als gegeben bzw. als von den Betroffenen selbst verschuldet hinnimmt, und sich für öffentliche Belange wenig interessiert.

Mit einer solchen Grundhaltung wirft man sowohl die grundlegenden Werte der christlichen Ethik, als auch die Voraussetzungen für die langfristige positive Entwicklung einer demokratischen Gesellschaftsordnung über Bord. Lehrer, die sich von Erziehungsfragen und der Vermittlung gesellschaftsbezogener Qualifikationen fernhalten, machen sich an einer gefahrvollen Entwicklung mit schuldig. Gottlob hat der Lehrer gegenwärtig noch so viel Handlungs- und Planungsfreiheit, daß er seiner Erziehungsaufgabe gerecht werden kann. Noch sind die Curricula nicht so engmaschig gestrickt, daß er nur ausführendes Organ von technokratischen Handlungsweisungen wird. Noch hat er hoffentlich das Bewußtsein für die Bedeutung der sozialen Interaktion Lehrer-Schüler und begreift sich nicht als wertfreie roboterhafte Instanz, die lediglich für die optimale Vermittlung von isoliertem Sachwissen zu sorgen hat.

Natürlich liegen die Ursachen für die Erziehungsunsicherheit tiefer. Sie können nicht im Verhalten von Einzelindividuen, also einzelner Eltern oder Lehrer, gesucht werden, sondern in der wirtschaftlichen und gesellschaftlichen Gesamtentwicklung. An dieser Stelle seien nur einige Widersprüche, die unmittelbar zum Bereich der Erziehung gehören, aufgezählt:

a) Widerspruch zwischen den demokratischen Aufgaben, Rechten und Pflichten des Staatsbürgers und seiner Ausbildung. Auf diesen Tatbestand haben wir mehrfach hingewiesen. Er kommt vor allem in der Vermittlung isolierter Qualifikationen zum Ausdruck und in der mangelnden Vorbereitung auf die gemeinsame Bewältigung von sozial und gesellschaftlich relevanten Aufgaben.

b) Trennung von privatem und öffentlichem Leben. Durch die prinzipielle Scheidung zwischen Privatsphäre und Anliegen des Gemeinwohls kommt es zu desintegriertem Planen und Handeln der Einzelpersonen. Die Konsequenz ist, daß sich viele der Einzelaktionen unversehens gegen das Gemeinwohl richten (angefangen etwa von der isolierten Planung für Warenproduktion eines Industrieunternehmens bis zur Zersiedelung der Landschaft durch den privaten Wohnungsbau).

c) Widerspruch zwischen grundlegenden Werten einer sozial orientierten christlichen Ethik und dem realen gesellschaftlichen Leben des Leistungs- und Prestigekampfes. Soziales Handeln ist dem einzelnen meist nur als privater karitativer Akt, nicht als mitverantwortliches Planen und Entscheiden einer demokratischen Gruppe möglich bzw. verständlich.

2.2 Symmetrie der sozialen Kommunikation und Aufbau von Wertstrukturen

Schon in den dreißiger Jahren hat *Piaget* auf die Rolle des Gleichaltrigen beim Aufbau einer reifen Moral aufmerksam gemacht. Er folgerte aus den Urteilen über Geschichten, in denen wertorientiertes Verhalten eine Rolle spielt, zwei große Stadien in der Entwicklung moralischer Werthaltungen. Das erste Stadium der „heteronomen Moral" ist durch die Orientierung an von außen gesetzten Maßstäben bestimmt. Wir könnten in der heutigen Nomenklatur von einer fremdbestimmten Moral sprechen. Durch den Umgang mit Gleichaltrigen erfährt das Kind erst, daß es gleichberechtigte und gleichmächtige Partner gibt. Das Zusammenleben erweist sich nur dann als möglich, wenn man sich an die vereinbarten Regeln hält. Am deutlichsten wird dies bei den Spielen der Kinder sichtbar. Wer sich nicht an die Spielregeln hält, verdirbt das Spiel und wird von den übrigen Mitspielern abgelehnt. Der erste „autonome" Wertbegriff, den sich die Kinder auf diese Weise erwerben, ist der Gerechtigkeitsbegriff, zunächst im Sinne der Gleichheit, später unter Abwägung der Einzelumstände als „Billigkeit".

Nicht nur moralisches Verständnis im engeren Sinne scheint auf dem Weg über die Interaktion mit Gleichaltrigen aufzukommen, das gesamte gesellschaftliche Zusammenleben kann in vereinfachter Form unter günstigen Bedingungen erfahren und durchprobiert werden. Von der aggressiven Auseinandersetzung bis zur adäquaten Konfliktverarbeitung durch rationale gemeinsame Entscheidung finden sich viele Formen der sozialen Interaktion, wie sie auch später im Leben auftauchen. Die Erprobung sozialer Rollen und der mit ihnen verbundenen Handlungsanweisungen wird im frühkindlichen Rollenspiel besonders deutlich sichtbar. Auch später kann man immer wieder Formen des Rollenspiels beobachten. Kinder und Jugendliche organisieren sich zu Banden, zu Geheimbünden, zu kurzzeitigen Unternehmungen, in denen neben Regelspielen auch freiere und ad hoc geplante Kampfspiele durchgeführt werden.

Es ist bezeichnend, daß die frühkindlichen Spiele nicht organisch in komplexere Spielformen der sozialen Interaktion bei späteren Altersstufen einmünden. Die einzige Ausnahme bilden die wohldefinierten Regelspiele (Fußball, Handball, Völkerball usw.). Sie haben aber bereits, wie *Sutton-Smith* u. a. (1963, 1964) nachzuweisen versucht, den Charakter von rituellen Spielen oder Kämpfen. Eine Ursache für das Abbrechen von eigentlichen Rollenspielen ist natürlich darin zu sehen, daß die Ernstrollen für das Kind mit zunehmendem Alter immer bedeutender werden und auch an Zahl zunehmen. Andererseits werden die Rollen offenkundig weniger flexibel gehandhabt als Spielrollen. Das Kind riskiert nicht mehr so viel in der Ernstsituation und kann eine falsch „gespielte" Rolle auch nicht wieder zurücknehmen. Die auftauchenden Konflikte werden daher gerade bei uns oft völlig inadäquat angegangen, nämlich durch aggressives Austragen unterschiedlicher Standpunkte, wobei der jeweils

Stärkere siegt. Damit geht aber zumindest zum Teil wieder der Vorteil verloren, den die Interaktion zwischen Gleichaltrigen einbringt.

Dieser Vorteil kann allgemein als Symmetrie[1] in der Kommunikation und in der Interaktion überhaupt umschrieben werden. Unter Symmetrie wird hier das Faktum verstanden, daß dem Prinzip nach zwei oder mehr soziale Partner auf der gleichen Ebene von Verbindlichkeiten und Recht zueinander in Beziehung treten. Die Symmetrie der Kommunikation ist in der Regel zwischen dem Erzieher (Eltern oder Lehrer) und dem Heranwachsenden nicht gegeben. Das Kind und der Jugendliche sind sowohl von der sozialen Macht her, als auch von der Kompetenz her (Wissen und Können) dem Erwachsenen unterlegen. Es bedarf besonderer Planung und Anstrengung, die sozialen Beziehungen zwischen Erwachsenem und Kind symmetrisch zu gestalten. Prinzipiell ist dies allerdings möglich. Doch darf man nicht erwarten, daß sie schlagartig hergestellt werden können. Vielmehr handelt es sich um einen Prozeß, der schon in früher Kindheit beginnt. Ohne ein solches „Einfädeln" scheitern alle Versuche der Symmetriebildung am Problem der Disziplin. Heute werden alle ausgeprägten Versuche eines Lehrers, sich in der Kommunikation und Interaktion mit dem Schüler auf die gleiche Ebene zu stellen, vom Schüler als Machtverlust des Lehrers interpretiert und somit durch Aggression und Disziplinlosigkeit zunichte gemacht.

Man darf aber nicht vergessen, daß ein Versagen der eben beschriebenen erziehlichen Haltung nicht die Unmöglichkeit einer solchen Erziehung bedeutet. Im Gegenteil: Daß wir heute dabei so große Schwierigkeiten haben, muß eher als Alarmzeichen gedeutet werden. Diese Schwierigkeiten hängen sicher mit den Leitzielen unserer Gesellschaft zusammen, die einen sich durchsetzenden aggressiven Leistungstypus als Ideal ansieht und Unterordnung nur als Folge von autoritärem Druck kennt. We-

---

[1] Der Begriff wird hier in Anlehnung an Überlegungen von *Bartl* (unveröffentl. Manuskr.) verwendet.

der die sich selbst überlassene Spielgruppe von Kindern
oder Jugendlichen, noch die gegenwärtige Kommunika-
tionsform im Unterricht realisieren also die für den Aufbau reifer (kritisch reflektierter) Wertstrukturen nötigen
Formen sozialer Interaktion hinreichend. In Ansätzen
hat man diesem Mangel immer wieder abzuhelfen versucht. Die meisten großen Pädagogen wußten um die
Notwendigkeit symmetrischer Kommunikation (z. B.
Rousseau, Locke, Spranger, Idee der freien geistigen Arbeit bei *Gaudig*), doch scheiterten alle derartigen Versuche in der Praxis an der vorhandenen Gesellschaftsstruktur. Heute, da wir relativ präzise, im Grundgesetz veran-
kerte Zielvorstellungen über das gesellschaftliche Zusammenleben besitzen, ergibt sich wohl erstmals wirklich die
Chance zur Realisierung symmetrischer Beziehungen. Sie
ist auf lange Sicht die Vorbedingung für den Fortbestand
einer demokratischen Gesellschaft.
Symmetrische Interaktion ist eine komplexe kognitive
Leistung. Man muß die Argumente, den Standpunkt, die
Motivationslage des Partners erkennen. Man muß die eigenen Bedürfnisse und Konflikte lokalisieren und erkennen. Man muß in der Lage sein, seinen Standpunkt dem
Partner darzulegen. Beide Partner brauchen Strategien
der optimalen und effektiven Interaktion, sie müssen fortlaufend neue Einfälle produzieren, um aus Konflikten
und Schwierigkeiten herauszufinden (soziale Kreativität).
Zudem geht es ja bei der Interaktion um sachliche Probleme, d. h., fachliche Kompetenz wird bei der Lösung von
Problemen nach wie vor gebraucht. Es leuchtet ein, daß
höhere kognitive Leistungen abverlangt werden, wenn neben der fachlichen Leistung auch noch das adäquate Ein-
bringen der eigenen Kompetenz via sozialer Interaktion
nötig ist. Genau das ist heute in der Regel der Fall. Der
einzelne entscheidet weder in der Wirtschaft, noch in der
Verwaltung, noch in der Gesetzgebung. Die sachliche Entscheidungsfindung geht mehr und mehr über die Gruppe
(Team, Kommission, Gremium). Um so erstaunlicher ist
es, daß man auch heute noch nicht im geringsten auf die
hier nötig werdenden Qualifikationen vorbereitet, um so

verständlicher wird das Versagen vieler heute arbeitender Gruppen. Wohl ist bei ihnen fachliche Kompetenz vorhanden, aber es fehlen Möglichkeiten, alle Einzelbeiträge sinnvoll zur Entscheidungsfindung zu kombinieren, und es fehlen Techniken (skills), wie man solche Entscheidungsfindung ökonomisch und durch symmetrische Kommunikation herbeiführen kann.

2.3 Erziehungsstil und Wertstruktur

Die Wertstruktur ist nach allem, was bis jetzt gesagt wurde, natürlich nicht bei jedem Erwachsenen gleich, und sie hat auch nicht bei jedem den gleichen Grad der Reife erreicht. Der Zusammenhang zwischen Erziehungsstil und Wertstruktur erscheint relativ eng, wenngleich wir nicht einen einseitigen Kausalzusammenhang Erziehung — Wertstruktur annehmen dürfen. Unter den zahlreichen Untersuchungen und theoretischen Erklärungsversuchen greifen wir einen vorwiegend psychologischen heraus, der recht eindrucksvoll illustriert, wie verschieden entwickelt Wertstrukturen im Erwachsenenalter sein können und zugleich darlegt, welches Erziehungsverhalten zu einer wünschenswerten Struktur geführt hat (wünschenswert im Sinne des Ziels persönlicher Autonomie).

Die bisherigen Darlegungen über die Entwicklung und den Aufbau von Wertsystemen haben wohl deutlich gemacht, daß nicht immer reifere und differenziertere Wertkonzepte mit zunehmendem Alter entstehen, bis schließlich ein wohl abgewogenes reflektiertes System am Ende der Entwicklung erreicht ist. Weiterhin muß man sich die enge Verflechtung von sozialer Interaktion während des Erziehungsprozesses und dem Aufbau des Wertsystems vor Augen halten, um sich die große Vielfalt von Wertsystemen auch innerhalb einer Subkultur zu vergegenwärtigen. Wir wollen im folgenden vier typische Wertsysteme beschreiben, wie sie in unserer westlichen Kultur beobachtet wurden, und ihre Entstehung als Folge von Umweltbedingungen kennenlernen.

Harvey und Mitarbeiter haben in den sechziger Jahren die

Wertsysteme (Überzeugungssysteme) von Individuen auf ihre Position hin auf der Dimension konkret-abstrakt untersucht und zugleich die Inhalte berücksichtigt, die auf verschiedenen kognitiven Niveaus besonders relevant waren, d. h., an denen das Individuum affektiv besonders engagiert war (starke Ich-Beteiligung). *Harvey* und Mitarbeiter fanden auf diese Weise vier typische Wertsysteme, deren Eigenart durch das charakteristische Zusammenwirken von Inhaltsbereich und Niveau der Abstraktheit zustandekam. Die vier Strukturen oder Systeme stellen *Harvey, Hunt* und *Schroder* erstmals 1961 vor und interpretieren sie als kognitive Systeme, die tief in die gesamte Persönlichkeitsstruktur eingreifen bzw. in ihr verankert sind. In zahlreichen darauffolgenden Untersuchungen wurde der Zusammenhang zwischen dem Niveau auf der Dimension abstrakt-konkret und anderen Persönlichkeitsmerkmalen geprüft, wobei sich herausstellte, daß neben einer Vielfalt anderer Wertsysteme die vier erwähnten Systeme als typische Formen der Orientierung empirisch besonders gut zu belegen waren (*Harvey,* 1966; *Harvey* et al., 1961; *Harvey* et al., 1968; *Ware & Harvey,* 1967). Schließlich prüften *Harvey* und *Felknor* (1970) den Zusammenhang zwischen Wertsystem und Eltern-Kind-Beziehung. Die Probanden waren College-Studenten, die mit Hilfe von Fragebogen Angaben über ihre Entwicklung hinsichtlich der Eltern-Kind-Relation machten. Obwohl es sich bezüglich der Ausbildung um eine sehr homogene Gruppe handelte, zeigten sich große Unterschiede hinsichtlich des kognitiven Niveaus der Wert-(Überzeugungs-) Systeme. Weiterhin konnten die Autoren einen deutlichen Zusammenhang zwischen Systemart und Eltern-Kind-Beziehung feststellen. Zunächst seien die vier Wertsysteme beschrieben, sodann erfolgt ein Überblick über die gefundenen Zusammenhänge. Zum Verständnis der vier Systeme ist die Interaktion zwischen kognitivem Niveau und Inhalt wichtig, da sie sich nicht allein als Projektion auf die erwähnte Dimension konkret-abstrakt beschreiben lassen.

System I kennzeichnet eine *relativ undifferenzierte und wenig integrierte kognitive Struktur.* Eine starke Tendenz zu raschem Urteil und dichotomer Bewertung (gut — schlecht) ist gekoppelt mit Abhängigkeit von äußeren Mächten wie Gott, Normen der Gesellschaft, institutionalisierter Autorität und Tradition. Klar strukturierte einfache Situationen werden bevorzugt, und es besteht geringe Toleranz für Mehrdeutigkeit bzw. mehrere Alternativen (Ambiguität). Geringe Neigung und Fähigkeit zur Veränderung spiegelt sich auch in der Benutzung stereotyper Lösungswege bei sozialen Problemen und dem Widerstand gegenüber Einflüssen, die nicht mit der bestehenden kognitiven Organisation des Sachverhalts kongruent sind. Insgesamt ist die Person mit dieser Struktur gekennzeichnet durch uneinsichtige, ritualartige Benutzung von sozialen Regeln, hohe Religiosität, ausgeprägten Absolutismus, extreme Wertung, starke und starre Identifikation mit sozialen Rollen und Statuspositionen und ausgeprägtem Ethnozentrismus (die eigene Nation wird als die beste in allen Bereichen angesehen).

System II beschreibt eine kognitive Struktur, die durch *Negativismus, Protest gegen Regeln und antiautoritäre Orientierung* auffällt. Zwar ist dieses System differenzierter als System I, da es die eigene Person abgetrennt von der Gesellschaft sieht und viele Normen und Regeln in Frage stellt, doch bleibt die kognitive Organisation desintegriert. Das Denken bewegt sich innerhalb getrennter Bereiche, da die Auswirkung der Ablehnung eines Bereichs (Aspekts) auf andere Bereiche (Aspekte) nicht gesehen wird. Die bei diesem System beobachtete Ablehnung der Heirat, der Religion ohne Anbieten von Alternativen läßt beispielsweise die Konsequenzen auf die Gesellschaft in anderen Lebensbereichen außer acht. Wie bei System I liegen die Bezugspunkte außerhalb des Individuums, und es sind eigentlich die gleichen Orientierungsaspekte, jedoch werden sie im System II negativ gewertet und abgelehnt. So sind Individuen mit diesem System argwöhnisch und vermeiden nach Möglichkeit jegliches Engagement. Andererseits haben sie infolge dieser äußeren Abhängigkeit ein starkes Bedürfnis nach Sicherheit, zeigen Furcht vor Ablehnung und fühlen sich nicht Herr der Situation.

System III befindet sich auf einem höheren kognitiven Niveau und ist gekennzeichnet durch zwei Wesenszüge: *den Wunsch zu gefallen* und den Versuch, *wechselseitige Abhängigkeit* zu schaffen und damit auch, auf andere Einfluß zu gewinnen. Menschen mit diesem Wertsystem sind weniger extrem und absolut in ihrem Urteil als solche mit System I und II, sie prüfen ihre Entscheidung auf die möglichen Auswirkungen für die eigene Person und andere Personen. Sie orientieren sich an den Meinungen der Gruppen, denen sie angehören, und legen großen Wert auf soziale Anerkennung. Ihre Abhängigkeit orientiert sich an Personen mit höherem Status und mit Macht. Ihre Tendenz, Einfluß auf andere zu gewinnen, richtet sich bevorzugt auf Menschen mit niedrigem Status. Menschen mit diesem Wertsystem sind leicht verwundbar bei Androhung der Zurückweisung, sozialer Isolation und anderer sozialer Bedingungen, die soziale Beziehungen beeinträchtigen.

System IV wird als das abstrakteste Wertsystem bezeichnet. Es ist durch *Aufgabenorientierung, exploratives und risikofreudiges Verhalten* gekennzeichnet. Da interne Wertmaßstäbe für Verhalten und Urteilen entwickelt sind, besteht Unabhängigkeit (Autonomie) ohne Negativismen in den Beziehungen zur Umwelt. Menschen mit diesem Wertsystem sind fähig, eine Situation oder einen sozial relevanten Sachverhalt von verschiedenen Seiten aus zu betrachten und ihn im Zusammenhang mit anderen Bereichen zu sehen (differenziertes und integriertes Wertsystem). Sie sind offen für neue Information und imstande, sie in ihr bisheriges Wertsystem zu integrieren. Mehr als Individuen der übrigen drei Systeme arbeiten sie eher für innere Verstärkung (Erfolg, Erreichen des gesteckten Ziels) als für äußere Belohnung.

Insgesamt gesehen besteht für System IV ein geringes Bedürfnis nach Strukturierung (im Sinne der Übervereinfachung), eine relativ hohe Toleranz für Mehrdeutigkeit und Unsicherheit (Ambiguität), die Fähigkeit, zwischen Mittel und Zweck zu unterscheiden, die Möglichkeit, stereotype Vorgehensweisen beim Problemlösen zu vermeiden und das Vermögen, in hypothetischen Situationen zu denken, sowie Rollen anderer zu übernehmen (zu handeln, „als ob").

Ganz eindeutig gibt *Harvey* dem letzten System den Vorzug und sieht es als das optimale Wertsystem in unserer Gesellschaft an. Die übrigen Formen sind mehr oder weniger unreif. System II kann als fehlgelaufene Sozialisierung interpretiert werden. Damit erweisen sich diese Systeme nicht nur inhaltlich, sondern auch formal als kulturabhängig, denn in früheren Kulturen war System I die angepaßte und wünschenswerte Form eines erfolgreichen Sozialisierungsprozesses.

Die vier beobachteten Systeme entstehen nicht von ungefähr, sie haben eine bestimmte Entwicklungsgeschichte. Die Faktoren, die diese Entwicklung bedingt haben, sind außerordentlich vielfältig. *Harvey* und *Felknor* befassen sich ausschließlich mit Bedingungen, die in der Eltern-Kind-Beziehung liegen, und lassen andere, sehr wesentliche Faktoren, wie Schichtzugehörigkeit, Subkultur, ökonomische Situation und Anlagefaktoren außer acht. Sie machen eine Reihe von Annahmen über die Eigenart der familiären Situation sowie deren Auswirkungen auf die Ausbildung des kognitiven Orientierungssystems der Kinder. Erst danach richten sie die Auswahl ihrer Fragen an die Adressaten (College-Studenten), die aus der Erinnerung ihre kindliche Erziehung und die Beziehungen zwischen den einzelnen Familienmitgliedern darlegten. Es leuchtet ein, daß trotz einer überlegten Hypothesenbildung dieses Vorgehen nur beschränkt Information liefern kann, da sich der Proband selbst als affektiv stark Beteiligter nicht objektiv über die erfragten Beziehungen Rechenschaft geben kann.

Trotzdem fanden die Autoren Zusammenhänge, die sich

mit ihren Annahmen weitgehend zur Deckung bringen lassen. Individuen mit Wertsystem I (Orientierung an äußeren Mächten, Undifferenziertheit) wuchsen in Familien auf, in denen Wert auf Meinungsgleichheit in allen wichtigen Fragen gelegt wurde, eine festgefügte Ordnung herrschte und das Ansehen der Familie nach außen hin große Bedeutung besaß. In der Regel waren die Geschlechtsrollen sowohl für Eltern als auch für Kinder deutlich unterschieden, wobei die kindliche Erfahrung der Geschlechtsrolle eng mit der Beziehung zum Vater verknüpft war. Der Vater wurde bei den meisten befragten Variablen höher eingestuft als die Mutter. Beide Elternteile legten Wert auf Einhaltung religiöser Pflichten.

Wie zu erwarten, erfuhren Kinder, die System I entwickelten, bis zum Alter von zwölf Jahren relativ starke Kontrolle, strenge Behandlung und Einschränkung der Freiheit, somit ein Gefühl der Abhängigkeit gegenüber den Eltern. Körperstrafen wurden verhältnismäßig häufig angewandt, ohne daß (vor allem bei männlichen Pbn) Erklärungen erfolgten. Die häufigste Belohnung bestand in Lob für eine vollbrachte Leistung.

Individuen mit System II (negativistische, anti-autoritäre Orientierung) erlebten erwartungsgemäß in ihrer häuslichen Umgebung im Vergleich zu Individuen der drei übrigen Wertsysteme beträchtliche Widersprüche und Uneinigkeit. Die Eltern wurden als unfair, abweisend und kalt charakterisiert. Sie gaben laut Urteil der Pbn wenig Erklärungen für ihr Erziehungsverhalten ab und erreichten selbst die gesellschaftlich wichtigen Standards nicht. Die Väter, nicht aber die Mütter, erlaubten beträchtliche Freiheit, was aber dem Anschein nach auf Desinteresse und geringem familiären Engagement beruhte. Die Eltern verhielten sich laut Erinnerung der Pbn inkonsequent und willkürlich, die Mütter wendeten häufig Strafen an.

Bei Individuen mit System III (Bevorzugung wechselseitiger Abhängigkeit) scheint vor allem das Verhalten der Mutter determinierend gewesen zu sein. Sie förderte die Abhängigkeit, zeigte viel Wärme und Zuwendung und legte Wert auf soziale Anerkennung. Hinsichtlich der Verwendung von Sanktionen ging sie mit Strafen sehr sparsam um, während sie die Kinder häufig belohnte.

Die Väter der System-III-Individuen verhielten sich demgegenüber deutlich anders. In der Erinnerung der Pbn waren sie weniger fair, hatten oft keine Zeit für das Kind und waren insgesamt weniger am Kind interesssiert. Diese größere Distanz des Vaters zeigt sich auch in seinen Sanktionen. Lohn- und Strafverhalten waren gegenüber männlichen Kindern weniger klar definiert. Bei Mädchen hingegen schien diese Undifferenziertheit nicht vorgelegen zu haben, was wiederum auf eine andersartige (vermutlich affektive engere) Beziehung zwischen Vater und Mädchen schließen läßt.

Individuen mit Wertsystem IV (differenziertes und integriertes kognitives System mit hohem Abstraktionsniveau) berichten von ihren Eltern ein geringes Maß an Strenge, Kontrolle und Abhängigkeitsbestrebungen im Erziehungsverhalten. Hinsichtlich der Gewährung von Freiheit, der Fairneß, der Wärme und Zuwendung und auch der Unabhängigkeit werden positivere Urteile als von Individuen der übrigen drei Wertsysteme gefällt. Die Eltern schienen sich meist einig zu sein und waren beide an dem Wohlergehen und Fortkommen des Kindes interessiert, ohne es zu sehr zu gängeln und zu umsorgen. Sie benutzten mehr als alle übrigen Eltern Erklärungen für ihr Verhalten und bewerteten die Handlungsweisen ihres Kindes weniger nach sozialen Standards als nach der Erreichung von Zielen (Vollendung von Aufgaben). Sie bevorzugten sachorientierte gegenüber personorientierter Verstärkung.

Die Untersuchungen zeigen recht eindrucksvoll, wie die individuelle Entwicklung in Abhängigkeit von der familiären Struktur und Interaktion verschiedenartig kanalisiert wird. Allerdings muß man die Eigenart der Gruppendynamik in der Familie nun hinterfragen auf ihre Ursachen. Familien, die ein Wertsystem aufbauen helfen, das Züge der oben beschriebenen Struktur I besitzt, tun dies genau besehen in voller Absicht. Sie wollen tradierte Normen und eine bestehende Gesellschaftsordnung weitergeben an die nächste Generation. Eltern, die das negative Wertsystem II hervorbringen, tun dies im Gegensatz dazu nicht absichtlich. Sie haben aufgrund ihrer persönlichen, sozialen und wirtschaftlichen Situation mit sich selbst so große Schwierigkeiten, daß sie sich wenig um Fragen der Erziehung und Sozialisierung ihrer Kinder kümmern können. Wertsystem IV, das „reifste" unter den vier Typen, entspringt eindeutig einer differenzierten kognitiven Struktur bei den Eltern selbst. Man kann sie nicht bei allen Schichten erwarten, sondern wird sie nur unter gewissen bildungsspezifischen Voraussetzungen annehmen können. Auch das Wertsystem III hat gewisse Voraussetzungen bei den Eltern. Die Mutter muß in ihrer Kindheit selbst die Sicherheit und Zuwendung erfahren haben, die sie als Erwachsene zeigt. Die Strategien der Handlung, die sie vermittelt, sind die gleichen, die sie selbst praktiziert. Wenn man also aus pädagogischem Interesse einem bestimmten Wertsystem den Vorzug geben will (in unserer Gesellschaft wohl dem System IV), dann beginnt die Erziehungsarbeit bei den Eltern und nicht bei den Kindern. Erziehliche Planung muß ein System konzipieren, das die Eltern miteinbezieht und ihnen neben anderen Erwachsenenfiguren eine sich allmählich wandelnde Funktion zuweist.

3. Konsequenzen für die curriculare Planung und Realisierung

Das Wort „curriculum" ist heute in aller Munde. Es hat aber den Anschein, als wollte man diesen Begriff wieder gründlich mißverstehen. Es handelt sich keineswegs um einen verbesserten Lehrplan herkömmlicher Art. Auch mit der Bereitstellung der für bestimmte Schülergruppen optimierten Algorithmen und Arbeitsmittel ist der Begriff nicht völlig abgedeckt. Alle im Curriculum enthaltenen Lernziele müssen legitimiert sein. Sie richten sich also nach übergeordneten Notwendigkeiten und allgemeinen

Zielen. Wir haben für unsere Diskussion als Leitziel die autonome Persönlichkeit umrissen, die sich für die Gesellschaft verantwortlich weiß, besonders im Hinblick auf das Eintreten für die Autonomie des anderen.

Damit ist zugleich sichergestellt, daß alle schulischen Maßnahmen zuförderst diesem persönlichkeitsorientierten und gesellschaftlich-sozial-orientierten Ziel zu dienen haben. Fachwissen und Techniken stehen im Dienst dieses Ziels, sie haben nicht Selbstzweck. Das Curriculum, wie auch immer es im einzelnen aussehen mag, umfaßt also die gesamte Erziehung des Menschen, es bezieht sich keineswegs auf einen isolierten Bereich, etwa den Bereich bestimmter kognitiver Leistungen (*Robinsohn, S. B.*, 1971, 1972).

3.1 Fachwissen im Dienste von relevanten Lebenssituationen

Wir können uns nicht im einzelnen mit der Auswahl von Lehrinhalten einzelner Fächer für übergeordnete Ziele befassen. Das Prinzip der Auswahl muß jedoch eingehalten werden: nicht allein die wissenschaftliche Systematik eines Faches bestimmt die Lernzielstruktur, sondern die für die Lebensbewältigung nötig erscheinenden Kenntnisse und Denkleistungen. Naturwissenschaftliches Denken etwa gehört lebensnotwendig zu dieser Ausstattung in unserer Kultur. Diese jedem Lehrer aus der Volksschuldidaktik und -pädagogik vertraute Sichtweise darf nicht vor allzuviel technokratischer Planung in Vergessenheit geraten, sie muß in realisierbare Form gebracht und mit neuem Inhalt versehen werden. Im einzelnen läßt sich das Problem der Vermittlung von lebensbezogenem Fachwissen unter drei Aspekten sehen. Der erste bezieht sich auf die Tendenz, dem Schüler eine „heile Welt" vorzusetzen. Diese Tendenz entstammt einerseits der pädagogischen Intention, ein positives Lebensgefühl zu schaffen und zu erhalten, andererseits ist sie ein Produkt psychologischer Gesetzmäßigkeit. Der Lehrer trachtet nämlich wie jeder Mensch, der etwas erkennt und im Gedächtnis aufbewahrt, danach, eine Struktur von Ausschnitten der Welt zu vermitteln, die in sich stimmig und möglichst klar konturiert ist. Diese Tendenz zur „guten Gestalt" führt zur Vermittlung einer heilen Welt. Alles hat seine Ordnung und seinen rechten Platz; wo Nachteile und Beeinträchtigung auftreten, werden sie durch Vorzüge wieder aufgewogen.

Von diesem Weltbild muß man radikal abrücken, weil es den Jugendlichen in die größten Schwierigkeiten bringt, sobald er mit der sozialen und gesellschaftlichen Realität ernsthaft konfrontiert wird. Der Schüler sollte im Gegenteil erfahren, daß das Leben aus Schwierigkeiten und Konflikten besteht, daß unsere Gesellschaft nicht die beste aller möglichen Gesellschaften ist und daß es wünschenswerte Ziele gibt, die noch nicht im entferntesten realisiert sind. Dieses Wissen allein wäre sinnlos, würde es nicht mit der Einsicht gekoppelt, daß man die Welt verändern kann, daß soziale Verhältnisse „machbar" sind. Erst so kann in ihm als Teil eines Lebensplanes die Wertvorstellung aufgebaut werden, daß es auf ihn — den Schüler — einmal ankommen wird, an der Verbesserung von Bedingungen und Verhältnissen mitzuarbeiten. Als entscheidende Kompetenz braucht der Heranwachsende in Zukunft Strategien, die wünschenswerte Veränderungen und Weiterentwicklungen herbeiführen können. Der autonome Mensch leistet konstruktive Beiträge für Veränderungen und bekämpft destruktive Tendenzen. Mit dieser Rahmenbedingung wird auch angedeutet, wie man den heutigen Radikalisierungstendenzen fruchtbar begegnen kann. Die gegenwärtig allein angebotene Alternative der Gewalt, Strafe und autoritären Steuerung führt mit Sicherheit nur zu neuen Unruhen und blockiert ein großes Potential an Arbeitskraft.

Welche Kompetenzen sind nun aber nötig? Man kann diese Frage nicht durch systematisches Aufzählen beantworten. Wir haben wohl heute auch noch keine endgültige Antwort bereit. Im folgenden seien einige Leistungen aufgezählt, die auf alle Fälle mit zu diesen Kompetenzen gehören.

Fähigkeit zur Reflexion

Adäquates Planen und Handeln erfordert, daß man zu einer Situation Distanz gewinnt, sie überschaut und durchdenkt. Erst so ergibt sich überhaupt die Chance, alle relevanten Beziehungen zu erfassen und zu berücksichtigen. Reflexion verhindert auch automatisches Handeln, wie es unser Leben heute immer noch — oder mehr als je zuvor? — bestimmt. Wesentlich für die Vergrößerung von Freiheitsgraden des Menschen ist, daß man möglichst viele der in Frage kommenden Alternativen erkennt oder findet und sich aufgrund des Abwägens dieser Möglichkeiten entscheidet. Wir handeln immer noch zu sehr zwangsläufig auf die Wahrnehmung von scheinbar nur einer einzigen Möglichkeit. Die Fähigkeit zur Reflexion ist weiterhin nötig, um die verschiedenartigen Rollen, die man auszuführen hat, zu strukturieren und möglichst den eigenen Bedürfnissen und Fähigkeiten gemäß zu interpretieren. Reflexion braucht der Mensch schließlich spätestens beim Eintritt in die Schule, um die sozialen Konflikte, aus denen das Leben sich fortlaufend zusammensetzt, adäquat zu meistern. Wir reflektieren zwar im Unterricht über Sachstoffe, im günstigen Fall gelingt dem Schüler infolge solcher reflexiven Tätigkeit auch eine selbständige Strukturierung des Unterrichtsstoffes, doch endet hiermit meist die Reflexion, während sie nun erst beginnen müßte. Der Schüler sollte Fachwissen und die dahinterstehenden Wissenschaften als Ausformung menschlichen Denkens und Handelns innerhalb einer bestimmten kulturellen Entwicklung durchschauen lernen. Er sollte wenigstens in Ansätzen begreifen, warum Wissenschaft zur Technik und Zivilisation geführt hat und warum Wissenschaft und Technik heute den Menschen akut gefährden (Umweltschutzproblem).

Begriffe als menschliche Konstruktionen

Eine wichtige Leistung der Reflexion ist die Erkenntnis, daß die in unserer Sprache vorhandenen Begriffe unsere eigenen Schöpfungen sind, und daß wir die Welt auch durchaus anders einteilen und strukturieren können. Diese

Einsicht wird im großen und ganzen noch nicht vermittelt. Wissenschaftliche Termini werden eben nicht als Konstrukte verstanden (auch vom Lehrer nicht), was zur Folge hat, daß unser Denken in einem Netz von „selbstgestrickten" Ordnungsdimensionen und Kategorien eingefangen ist. Da sich aber mit Sicherheit die Begriffe in Zukunft noch rascher ändern als bisher, braucht der Heranwachsende diese Grundeinsicht mehr noch als bestimmte Begriffe selbst. Die heute bereits beobachtbare Ratlosigkeit und Desorientierung der jeweils älteren Generation führt, wenn man hier nicht Abhilfe schafft, zu einer radikalen Verfremdung in der ursprünglich vertrauten Umgebung. Der Mensch verliert, auch wenn er seinen Wohnsitz nicht ändert, seine „Heimat".

Einsichten in psychische Gesetzmäßigkeiten menschlichen Denkens und Handelns

Die Schule, wie auch die Naturwissenschaften, vergessen, daß menschliches Denken nur dann einigermaßen logischen Gesetzen gehorcht, wenn relativ irrelevante Bereiche des Lebens zu bearbeiten sind. Die in den einzelnen Berufen abverlangten Qualifikationen können daher auf ein funktionierendes Denken zurückgreifen. Sowohl der Kraftfahrzeugmechaniker, wie auch der Chemiker denken in bezug auf isolierte Fachprobleme richtig bzw. erkennen einen Denkirrtum leicht.

Hingegen verläuft unser Denken anders, wenn Probleme anzugehen sind, die uns affektiv-emotional ansprechen. Alle wichtigen Lebensfragen sind solche Probleme. Die Psychologie hat nachweisen können, wie in solchen Situationen das Denken merkwürdige Kompromisse mit Wunschvorstellungen und Bedürfnissen eingeht. Das Denkergebnis ist dann nicht eine Folge logisch richtiger Entscheidung, sondern ein Gleichgewichtszustand zwischen verschiedenen einander widersprechenden Einwirkungen (Theorie der kognitiven Dissonanz, des kognitiv-affektiven Gleichgewichts, Überblick s. *Oerter,* 1970). Wenn Menschen ihre eigenen Denkleistungen nicht zu durchschauen und zu überprüfen lernen, so werden nach wie vor politisch weitreichende Entscheidungen auf der Ebene der emotional-kognitiven Kompromißbildung herbeigeführt, Entscheidungen in beruflichen Gruppen (Teams) nicht rein sachlich gefällt und Entscheidungen bei der persönlichen Lebensplanung zu stark durch unkontrolliertes Wunschdenken beeinflußt. Für den Schüler ist es äußerst spannend und motivierend, sich und andere bei Denkfehlern zu ertappen. Entgegen der Ansicht älterer Entwicklungspsychologen beschäftigen sich Kinder auch vor den Jahren der Reife mit psychologischen Problemen, besonders wenn sie erst einmal eingesehen haben, daß viele ihrer Probleme psychologische Probleme sind. Wichtiges psychologisches Wissen bezieht sich auf das Aufkommen von Spannungen und Aggressionen. Warum soll der Schüler, der von früh bis abend in Aggressionen verwickelt ist, nicht wissen, woher seine Gereiztheit und die der anderen kommt? Warum sollen Lehrer und Schüler nicht gemeinsam über unschöne Verhaltensweisen der einzelnen Beteiligten sprechen und die Ursachen für solches Handeln aufdecken?

3.2 Erziehung zur integrierten Persönlichkeit

Die heutige schulische Ausbildung umfaßt einen riesigen Zeitraum in der Gesamtentwicklung des Menschen. Nicht zuletzt dieser Umstand hat die Gefahr einer Desintegration der menschlichen Persönlichkeit heraufbeschworen. Wir wollen diese Tendenz zur Desintegration an zwei Entwicklungstendenzen aufzeigen.

Dissoziation in der Wahrnehmung

Die Entwicklung von Wahrnehmungsleistungen, die übrigens nur schwer von höheren kognitiven Leistungen geschieden werden können, zeigt eine kontinuierliche Ausdifferenzierung im Hinblick auf die einzelnen Modalitäten (Sinnesbereiche). Wir lernen, visuelle Information eindeutig als solche zu identifizieren und auditive Information als durch Schallquellen bedingt anzusehen. Andere Kulturen, wie die alten fernöstlichen Kulturen, legten

Wert darauf, daß Wahrnehmungsereignisse auch bei Vorhandensein nur einer Informationsart möglichst reichhaltig bleiben. Der Künstler und der die Schönheit einer Landschaft genießende Spaziergänger versuchen ebenfalls, Reizinformation unter Beteiligung möglichst vieler Sinnesmodalitäten zu erleben.

Wir haben in unserer Entwicklung weiterhin gelernt, die „inneren" Anteile, nämlich unser Gefühl und unsere Bedürfnisse, von den äußeren Anteilen der Wahrnehmung zu scheiden. Niemand bestreitet, daß eine solche Differenzierung nötig ist, daß entscheidende Erkenntnisse erst durch sie möglich wurden. Man darf aber nicht vergessen, daß diese Differenzierung in Dissoziation umschlägt, wenn sie die Alleinherrschaft antritt. Der Mensch ist ein biologisches Wesen[1] und kann die aus seiner phylogenetischen Vergangenheit stammende Ausstattung nicht ignorieren.

„Sachliche Wahrnehmung" im Sinne isolierter Kodierung bedeutet eine Verarmung im Erleben, die unbefriedigt läßt. Viele Jugendliche scheinen diese Verarmung zu spüren, ohne sie lokalisieren zu können. Ihre Subkultur liefert aber Hinweise, wie sie versuchen, mit dem Problem fertig zu werden. Sie lieben starke Reize (grelle Farben, intensive Rhythmen, laute Musik) und sie mögen die Kombination von Reizen verschiedener Modalität (Farbenspiel bei Beatmusik). Diese Versuche scheinen aber wieder auf Kosten der Differenziertheit zu gehen, so daß eine scharfe Diskrepanz zwischen sachlicher Wahrnehmung (hohe Differenzierungsebene) und bedürfnisbefriedigender Wahrnehmung (primitive Ebene, analog zur Produktion von Naturvölkern) besteht. Dieser Zustand ist gewiß nicht ideal. Das Schulsystem als entscheidende Sozialisierungsinstanz muß sich dabei etwas Neues einfallen lassen.

---

[1] Eine philosophisch-anthropologische Betrachtungsweise käme hier zu noch massiverer Kritik.

Ein anderer Trend in unserer Kultur besteht in einer ständig wachsenden Dominanz der Informationsaufnahme gegenüber dem Handeln, der Aktion, der Operation. Alle Massenkommunikationsmittel produzieren eine gewaltige Informationsmenge, die zudem geschickt aufbereitet ist und wahrnehmungsmäßig anreizend gestaltet wird. Das Fernsehen steht insofern dabei an der Spitze, als es zwei Informationskanäle zugleich bedient. Schon bei Kindern scheint mehr und mehr die Aufnahme von Reizen gegenüber einer Verarbeitung der Eindrücke in offenem Handeln und Agieren vorzuherrschen. Kinder sitzen bekanntlich nicht selten untätig vor dem Fernseher, lassen bei Fahrten durch die Stadt relativ passiv die Vielfalt der Eindrücke (Verkehr, Reklame, Menschenmenge) auf sich einwirken und lieben es wie die Erwachsenen auch, unterhalten zu werden.

Wir dürfen nicht vergessen, daß in der Schule die gleiche Tendenz vorherrscht: Das Anbieten von Information dominiert bei weitem über die viel längere Zeit in Anspruch nehmende Verarbeitung in Form äußerlich sichtbarer Aktionen. Solange die außerschulische Umwelt nicht in ähnlicher und sogar noch stärkerer Weise reizüberflutend wirkte, war diese Einseitigkeit noch einigermaßen vertretbar. Nun aber fällt der Schule als entscheidender Sozialisationsinstanz die Aufgabe zu, diesem Ungleichgewicht entgegenzuarbeiten.

Zunächst einmal gilt es, die in der Geschichte der Pädagogik schon längst vorgebrachten Anregungen zu realisieren. Denken wir an die Versuche *Pestalozzis,* mit Kindern aus Randgruppen (Bettelkindern) Erziehung durch sinnvolle Tätigkeit (Vermitteln handwerklicher Arbeitstechniken) zu betreiben, an das Erziehungsziel *John Lockes,* der soziale Brauchbarkeit und Tüchtigkeit für das Leben der menschlichen Gesellschaft als zentrale Aufgabe ansah, und erinnern wir uns an die Bemühungen *Kerschensteiners,* manuelle Tätigkeit, handwerkliche Arbeit in die Schulstube zu verlagern.

Nach wie vor verzichtet die Schule weitgehend auf manuelles Tun, nach wie vor sind handwerkliches Können, Handgeschicklichkeit und Körperbeherrschung ein Randziel. Vergegenwärtigen wir uns doch, wie einseitig die augenblickliche Wissensvermittlung unter diesem Gesichtspunkt ist und halten wir uns vor Augen, daß wir einen relativ großen Prozentsatz der Schüler (in der Hauptschule vielleicht die Mehrheit!) in ihrem Lebens- und Interessenkreis, der ja auf manuelles Tun ausgerichtet ist, viel zu wenig ansprechen. Formen der polytechnisch-praktischen Ausbildung sollten doch allmählich stärker Eingang in die Schule finden.

Hinzu kommt natürlich, daß sich auch aktives äußeres Handeln im Hinblick auf übergeordnete Ziele legitimieren muß. Das bedeutet, daß wir auch beim Handeln — und gerade da — neben unverbindlich spielerischen Verhaltensformen Möglichkeiten verantwortlichen Tuns finden müssen, die durchaus ernsthafte Konsequenzen haben sollen. Das Engagement des Lernenden richtet sich auch danach, welche Bedeutung seinen Unternehmungen beigemessen wird, welche Konsequenzen sein Handeln hat. Er ist beispielsweise ungleich stärker beteiligt, wenn Vorschläge zur Anlage einer neuen Siedlung nicht nur Spielcharakter haben, sondern der Kommune zur Kenntnis und wohlwollenden Überprüfung zugeleitet werden. Da man bei Neuplanungen mehr und mehr einzelne Interessengruppen anhört, wäre es denkbar, auch die Meinung von Kindern und Jugendlichen einzuholen. Welche Möglichkeiten sich erst innerhalb der Schülermitverwaltung ergeben, sofern Vorschläge und Pläne von Schülern wirklich zur Kenntnis genommen werden, braucht nicht besonders hervorgehoben zu werden.

Deutlich wird bei allen genannten Beispielen, daß es nicht um ein Handeln geht, das einzelne Unterrichtsfächer begleitet, sondern um Handeln in Lebenssituationen. Das bedeutet einerseits, daß man viele der heute wichtigen Geschicklichkeiten stärker in den Unterricht hineinnehmen sollte, und andererseits, daß soziales Handeln und Interagieren einen wichtigen Platz einzunehmen hat. Wenn es um Reparieren eines Fahrrads, eines Kettcars oder einer elektrischen Eisenbahn geht, kommen plötzlich ganz andere Schüler zum Zuge als beim Lösen von Rechenaufgaben und beim Schreiben von Aufsätzen. Wenn es weiterhin um Betreuung einer Gruppe, um das Schlichten eines Streites, um den Einsatz eines Spielführers geht, sind ebenfalls andere Schüler im Vorteil als bei der Bewältigung isolierter fächerbezogener Aufgaben. Es geht aber nicht einmal in erster Linie um den Ausgleich eines Leistungsgefälles, sondern darum, daß Kinder nicht Tausende von Stunden in einer Institution absitzen, die zu einer geeigneten Sozialisation zu wenig beiträgt oder sie gar in eine falsche Richtung lenkt.

Damit sind wir wieder bei einem übergeordneten Gesichtspunkt angelangt. Aktivieren wir tatsächlich Planen und Handeln stärker als bisher, so sollte dies im Hinblick auf eine Integration von Wertstruktur und Verhalten geschehen. Eines der Hauptprobleme der Sozialisierung und Persönlichkeitsentwicklung liegt in der Diskrepanz zwischen dem, was man für richtig hält und dem, was man wirklich tut. Die Kluft zwischen Wert und wertorientiertem Handeln scheint immer größer zu werden. Das Wissen um Normen oder Ziele in einer Kultur kann verhältnismäßig weit verfeinert werden, das angemessene Handeln hingegen sehr viel schwerer. Wenn wir das Handeln stärker als bisher in den Unterricht mit hineinnehmen, so sollte der übergeordnete Gesichtspunkt immer der sein, daß die Werte, die von den Kindern und Jugendlichen vertreten werden, eine praktische Realisierung erfahren. Daraus ergibt sich aber mehr noch als aus den anderen Aspekten die dringende Notwendigkeit sozial und gesellschaftlich orientierten Handelns in der Schule.

3.3 Erziehung zur integrierten Gemeinschaft

Für die Zukunft unserer Gesellschaft und Kultur kommt alles darauf an, wie Einzelgruppen und Gesamtgesellschaft funktionieren. Notwendig und wünschenswert ist im einzelnen wie im ganzen eine Entwicklung zur Integration dergestalt, daß alle Beteiligten einen Beitrag zu leisten vermögen und daß trotzdem jeder einzelne Bewegungsfreiheit besitzt. Erst so kann das Ziel der Autonomie für alle realisiert werden.

Wir wissen, daß in unserer Gesellschaft von einer übergreifenden Tendenz zur Integration nicht die Rede sein kann, im Gegenteil, die Anzeichen für eine wachsende Desintegration und Dissoziation mehren sich. Das ist auch nicht anders zu erwarten, da der Mensch trotz wachsender Komplexität der Gesellschaftsstruktur nicht auf seine Aufgaben in der Gesellschaft vorbereitet wird und die Aufgaben selbst viel zu unbestimmt sind. Welche Kompetenzen braucht der Mensch, damit die Gruppe (klein oder groß) ein integriertes wohlfunktionierendes System bilden kann? Sofern sich diese Frage überhaupt durch Angabe einiger Ziele beantworten läßt, muß man folgende Ziele nennen: Strategien der Konfliktbewältigung, Strategien der Herstellung und Erhaltung symmetrischer Kommunikation, Strategien der Entscheidungsfindung.

Konfliktbewältigung

Menschliches Zusammenleben wird bestimmt durch das Aufeinanderprallen verschiedener Bedürfnisse und Ansprüche. Das Zusammenleben wird andererseits nur erträglich, wenn die unterschiedlichen Bedürfnisse aufeinander abgestimmt werden und jeder zu seinem Recht kommt. Das ist nur möglich, wenn die hier auftretenden Konflikte adäquat gelöst werden. Adäquat oder angemessen heißt, daß rationale Lösungen bevorzugt werden und irrationale allmählich verschwinden. Irrationale Lösungen liegen immer dann vor, wenn Maßnahmen ohne Einsicht für einzelne erzwungen oder befohlen werden. Das Austragen von Konflikten durch Aggressionen stellt das ausgeprägteste Beispiel irrationalen Vorgehens dar, hier diktiert der Affekt, die Emotion.

Auch das schulische Leben ist durch soziale Konflikte geprägt. Gewöhnt der Lehrer die Schüler daran, daß er selbst die Entscheidungen fällt und im Guten wie im Bösen den deus ex machina spielt, dann werden die Schüler auch später eine Autorität brauchen, die für sie handelt und ihnen die Entscheidung bei Konflikten abnimmt. Wenn sie selbst Autorität kraft Amt oder Rolle erhalten, so werden sie dazu neigen, Entscheidungen in ähnlicher Weise herbeizuführen, wie sie in ihrem vergangenen Leben herbeigeführt wurden. Man muß daher davor warnen, ein funktionierendes System des Unterrichtens schon wegen seines möglichst reibungslosen Ablaufs als gut zu bezeichnen.

Adäquates Konfliktlösen verlangt zunächst einmal, daß jeder Betroffene gehört wird. Es verlangt ein Verständnis für die Argumente oder Anliegen der einzelnen und es erfordert, daß man den eigenen Standpunkt „von außen", also von der Position des andern aus wahrnehmen kann. Erst dann wird eine Entscheidungsfindung möglich. Das Durchsetzen der Entscheidung verlangt dann weiterhin vom einzelnen Anstrengung und Engagement. In der Regel muß er ja auf etwas verzichten, das er vorher für sich in Anspruch genommen hat. Das abverlangte Verhalten wird aber für ihn leichter, weil er Einsicht in die Notwendigkeit der Entscheidung gewonnen hat, weil er sie selbst gewünscht bzw. mit herbeigeführt hat und weil er Befriedigung durch die Teilhabe am Gruppenleben erfährt, das nach der Konfliktbewältigung natürlich attraktiv wird.

Man kann nicht alle Konflikte auf einmal in dieser Weise angehen, aber man kann sukzessive die Strategien der Konfliktbewältigung in dem hier angedeuteten Sinne verbessern. Das, was am Anfang viel Zeit kostet, erspart später die Zeit, die für unverarbeitete Konflikte und Parforce-Lösungen aufgewendet werden muß.

Alle Versuche, Ad-hoc-Konflikte in akzeptabler Form zu lösen, können zu Disziplinschwierigkeiten führen. Das bedeutet, daß man Gruppenentscheidungen mit großem Geschick handhaben muß. Oberste Regel — sofern man hier Faustregeln anbieten darf — ist nach wie vor das jedem erfahrenen Lehrer bekannte Prinzip der Konsequenz. Auch wenn die Gruppe Konflikte löst und nicht mehr eine gewaltig überlegene Autorität, muß dafür gesorgt werden, daß die Entscheidungen durchgeführt werden. Voreilige Vorschläge der Schüler etwa weichen sehr bald genauer überlegten Ansichten, wenn sich herausstellt, daß solche Vorschläge bei konsequenter Durchführung schmerzliche Auswirkungen haben.

Im folgenden seien einige für die heutige Schule typische Konflikte aufgezählt. Es lohnt sich für den Leser, die eben getroffenen Überlegungen für diese Konflikte curricular umzuformen. Der Lehrer selbst — und nur er — wird imstande sein, diese Konfliktableitung als festen Bestandteil seiner Unterrichtsarbeit einzubeziehen.

Lehrer-Schüler-Konflikte: Die Klasse als Ganzes, Gruppen oder einzelne Schüler geraten in Konflikt mit dem Lehrer. In der Regel geht es darum, daß der Lehrer ein bestimmtes Verhalten, bestimmte Ziele gegen den Willen der Schüler durchsetzen will (Hausaufgabenproblem, Disziplinproblem, Arbeitshaltung, Interesse für unbeliebte Fächer).

Konflikte innerhalb der Schülergruppe: Hier handelt es sich um das Verhältnis der Klasse oder von Teilgruppen zu einzelnen (Außenseiter, Bandenchefs, Führern), um die Spannungen zwischen Teilgruppen in einer Klasse und um die Rivalität zwischen verschiedenen Klassen. Jeder Lehrer kennt aus dem Alltag solche Konflikte. Er muß sich bewußt bleiben, daß diese Probleme den Schüler mehr ausfüllen und engagieren als schulische Lernprobleme.

Konflikte beim Einzelschüler: Der einzelne hat zu den bis jetzt genannten Konflikten immer noch Spezialprobleme. Er hat etwa unter der Diskrepanz zwischen häuslicher Subkultur und Wertgeltung einerseits und dem Anspruch der Schule andererseits zu leiden. Oder er hat Schwierigkeiten, die in der Gruppe Gleichaltriger geltenden Regeln und Ziele mit den schulischen und häuslichen Zielen zu vereinbaren. Ein massiver Konflikt besteht für nahezu alle — allerdings in sehr verschiedenartigen Variationen — in dem übergreifenden Anspruch nach Leistungssteigerung und in den augenblicklich vorhandenen Leistungsmöglichkeiten. Auch dieser zuletzt genannte Konflikt ist nicht dadurch aus der Welt zu schaffen, daß man ihn ignoriert oder immer zuungunsten des Betroffenen mit Gewalt bereinigt (Selektion, Zuweisung zur „schlechten" Gruppe, Strafe).

Oberflächen- und Tiefenstruktur bei Konflikten. Alle genannten Konflikte bilden mehr oder minder nur die Oberfläche einer umgreifenderen und tieferliegenden Struktur, die in den Rollenfestlegungen, in gesellschaftlichen Normen und fixierten Einrichtungen der Gesellschaft (Schule, Familie, Arbeitsplatz) begründet liegt.

Der Lehrer-Schüler-Konflikt ist eben in erster Linie kein Konflikt zwischen zwei bestimmten Individuen oder Individuengruppen, sondern wurzelt in den wohldefinierten Rollen des Lehrers und Schülers, in der Institution Schule und in Anforderungen der Gesellschaft an die Schule. Hilfe bei Konfliktverarbeitung bedeutet auf lange Sicht immer, solche Strukturen sichtbar zu machen und so den Konflikt „nach außen" zu verlagern, aus der Schulstube hinaus, dorthin, wo er wirklich lokalisiert ist.

Der Schüler-Schüler-Konflikt ist ebenfalls zum allerwenigsten eine private Spannung zwischen zwei oder mehr Personen. Er erwächst aus vorgegebenen Rollenvorschriften und Normen (z. B. trägt die männliche Geschlechtsrolle dominante Züge mit der Tendenz zur Bildung von Machthierarchien, ist die Rollenaufgliederung in Führer, Unterführer und Gefolgsleute gesellschaftlichen Strukturen abgeschaut und die Bewertung von Leistungen bzw. Verhaltensweisen von der Umgebung übernommen). Auch hier muß pädagogische Aktivität kontinuierlich Hintergründe aufdecken helfen und die scheinbar urpersönlichen Aversionen und Zuneigungen zu tieferliegenden, außerhalb der Schülergruppe lokalisierten Strukturen in Beziehung setzen.

Damit wird deutlich, daß Konflikte nur adäquat verarbeitet werden können, wenn man die psychologische Sichtweise überschreitet (nicht aufgibt!) und Kompetenzen vermittelt, die Konflikte auch auf der Ebene ihrer „Tiefenstruktur" angehbar machen. Diese Kompetenzen bestehen nicht nur aus Einsichten in Zusammenhänge, sondern beinhalten auch Handlungsstrategien für gemeinsames Vorgehen.

Strategien der Entscheidungsfindung und der Herstellung symmetrischer Kommunikation

Aus dem Gesamtproblemkreis der Konfliktverarbeitung sei nun der Aspekt der effizienten Kommunikation als der zentralen Kompetenz für die zukünftige autonome Persönlichkeit herausgegriffen. Was heute im Unterricht immer noch große Schwierigkeiten macht, ist die wirksame Kommunikation zwischen allen Beteiligten. Die meisten Kontakte sind — sofern man vom unmittelbaren Sachbezug im Unterricht absieht — sehr stark affektiv eingefärbt. Dies ist an und für sich nicht nachteilig, doch sollte der einzelne (Lehrer wie Schüler) allmählich Distanz zu sich selbst und zu den an der Interaktion Beteiligten gewinnen. Ein ausgezeichnetes Mittel bietet die sprachliche Kommunikation. Man darf nicht glauben, daß angemessener Meinungs- und Informationsaustausch eine einfache Angelegenheit wäre. Im Gegenteil, weder Kinder noch Erwachsene sind gegenwärtig hinreichend in der Lage zu einer effizienten Kommunikation. Das schulische Curriculum muß viel intensiver und bewußter als bisher Strategien der Kommunikation aufbauen helfen. Die Herstellung von Symmetrie erscheint hierfür, wie bereits früher erläutert, eine wichtige Voraussetzung.

Symmetrische Kommunikation läßt sich herstellen, wenn zwei Bedingungen erfüllt sind. Erstens muß jeder Beteiligte den andern anhören und ernstnehmen können, was angesichts des großen Gefälles (Lehrer — Schüler, beliebter Schüler — Außenseiter) nicht immer leicht ist. Zweitens ist es nötig, die Argumente des anderen zu verstehen bzw. die eigenen Argumente verständlich zu umschreiben. Beide Bedingungen werden heute im Unterricht, bei dem es um die Erarbeitung von Sachwissen und Sachkompetenz geht, angestrebt. Man sollte ebenso effiziente Kommunikation im Bereich lebensrelevanter Situationen des Schülers pflegen. Hier läßt sich einerseits wohl leichter Symmetrie herstellen, weil der Lehrer nicht mehr der weit Überlegene ist, andererseits sind alle Beteiligten stärker emotional engagiert. Gerade deshalb ist aber hier die Schulung wirksamer Kommunikation so wichtig. Denn diese Art von Interaktion — Interaktion in lebensrelevanten Situationen — macht das Leben des einzelnen wie der Gemeinschaft aus. Die Sprache gewinnt unter diesen Umständen die gleiche wichtige Funktion wie bei der Behandlung von Sachstoffen: Sachverhalte (Konflikte, soziale Anliegen und Bedürfnisse einzelner und Gruppen) werden durch die Sprache objektiviert, handhabbar gemacht. Mit Hilfe der Sprache gewinnen die Probleme, in die man unentrinnbar verstrickt scheint, Distanz. Das ist eine notwendige (wenn auch nicht hinreichende) Bedingung für die Meisterung von Problemen im sozialen Kontext.

Schließlich seien der Entscheidungsfindung selbst einige Überlegungen gewidmet. Es geht nicht darum, daß man Gruppenarbeit und Gruppenaktivität herbeiwünscht, nur um der sozialen Interaktion willen, die losgelöst ist von sachlichen Problemen. Es geht vielmehr darum, sachliche Probleme in die Gruppe, in die soziale Interaktion hineinzutragen. Jede Interaktion und Kommunikation wird auf die Dauer fade und langweilig, wenn nicht Inhalte zu bearbeiten sind und sachliche Probleme vorliegen. Dies gilt für die Gesamtgesellschaft, für Kleingruppen, auch für die Familie, und für die Schulklassen. Die seit langem in Diskussion und Erprobung befindliche Gruppenarbeit ist ein Beispiel für soziale Interaktion mit dem Zweck, sachliche Probleme zu lösen. Nun sollte man aber hierbei nicht stehenbleiben, obwohl auch schon bei fachorientierter Arbeit eine Vielfalt von sozialer Geschicklichkeit erworben werden kann. Es geht auch und vor allem um lebensrelevante sachliche Probleme, wie gemeinsame Planungen der Klasse, die sozialen Unterschiede innerhalb der Klasse, die ständigen Aggressionen, besonders bei einzelnen Klas-

senmitgliedern. Gruppenplanung und Gruppenentschei-
dung darf sich nicht bloß in unverbindlichen Bereichen
(Sachwissen) und in bezug auf Lebenssituationen nicht
allein im Spielerischen bewegen. Gelingt es, Gruppenin-
teraktion bei Fragen zu aktivieren, die von öffentlichem
Interesse sind, wie Verkehrsplanung, Siedlungsbau und
dergleichen, so erreicht man ein ungleich höheres Engagement und eine ungleich höhere erziehliche Wirkung.
Ein praktisches Beispiel, das *Pressey* und *Kuhlen* (1957)
mitteilen, mag dies verdeutlichen.

In einem experimentellen Schulprogramm arbeiteten Lehrer und Schüler in Gruppen zusammen, um örtliche Probleme zu lösen. Eine Serie von Typhusfällen in der Gemeinde wurde zum Ausgangspunkt für das Studium der
Ursachen von Typhuserkrankung. Dabei wurden Quellen
der Regierung herangezogen, die Bedingungen analysiert,
die zu den Typhusfällen geführt hatten, und Möglichkeiten der Hilfe entwickelt. Die Schüler durften aktiv bei der
Planung sanitärer Einrichtungen mitwirken. Es zeigte sich
bei Schülern und Eltern ein beträchtlicher Wandel in bezug auf die Einstellung zu öffentlichen Angelegenheiten.
Beide Teile lasen häufiger den politischen Teil der Zei-
tung, die Eltern nahmen häufiger an kommunalpolitischen
Veranstaltungen teil, engagierten sich für eine Verbesserung des Schulwesens und zeigten sich allgemein gegenüber Belangen der Gemeinde aufgeschlossen.
Wenn Gruppen an relevanten Problemen in irgendeiner
Form teilnehmen können, kommt es auf eine adäquate
Entscheidungsfindung an. Lösungen lassen sich sinnvoll
nicht nach einigem Hin- und Herreden erreichen. Die
Schüler (wie auch die Erwachsenen) müssen Strategien
der Entscheidungsfindung lernen. Es gibt Entscheidungen,
die eindeutig richtig oder eindeutig falsch sind. Viele le-
benswichtige Entscheidungen lassen sich in dieser Weise
aber nicht klassifizieren. Sie können eher mit Qualitäten
wie „wertvoll" oder „optimal" gekennzeichnet werden.
Allein schon das Bewußtmachen, daß viele Entscheidungen (Beschlüsse, Ordnungen, Regeln, Findeleistungen)

nicht den Charakter mathematischer Lösungen haben, ist ungeheuer wichtig.

Gerade, wenn die Richtigkeit von Entscheidungen nicht durch Überprüfung der logischen Schritte erweisbar ist, wird der Weg der Entscheidungsfindung wichtig. Vielfach kennen wir nicht einmal geeignete Wege, da wir auch als Erwachsene uns irgendwie, ohne klare Strategie, zu gemeinsamen Lösungen durchringen. Offenbar gibt es hier Aufgaben für den Mathematiker und für den Geisteswissenschaftler, die noch wenig in Angriff genommen wurden. Für die schulische Erziehungsarbeit ist es schon wertvoll, sich der Problematik gemeinsamer Beschlußfindung bewußt zu werden. Und es ist vorteilhaft, den Weg zu reflektieren, den man bis zur Beschluß(Entscheidungs-)findung zurückgelegt hat. Jede Gruppe, die so vorgeht, wird sich in ihrer Entscheidungsfindung verbessern, sie wird effiziente Strategien entwickeln. Welche Möglichkeiten sich hier für die soziale Kreativität auftun, leuchtet unmittelbar ein. Es leuchtet auch ein, daß Gruppenarbeit, so verstanden, Intelligenz benötigt und daß geistige Aktivität vermutlich bei solchen Gruppenprozessen eher induziert werden kann, weil der einzelne den Anschluß verpaßt, sobald er den Diskussionsstand nicht mehr kennt.

3.4 Einige praktische Konsequenzen

Wir können uns nun nicht in der Ausarbeitung curricularer Einheiten verlieren. Dies ist eine lange und mühselige Arbeit. Sie empfiehlt sich übrigens sinnvollerweise als Inhalt eines Seminarjahres. Drei recht heterogene Hinweise seien hier gegeben.

Die Kleingruppe als Brennpunkt curricularer Realisierung

Das Curriculum besteht nicht nur aus Erziehungszielen und den daraus abgeleiteten Lernzielen, es muß auch Wege aufweisen, die die Verwirklichung von Zielen ermöglichen. Ein entscheidender Schritt dürfte das Kleingruppenkonzept sein. Nicht mehr um die Klasse als Ganzes und nicht um den einzelnen gruppieren sich die wichtigsten Vorgänge der Curriculum-Realisierung, sondern um die Kleingruppe, die etwa drei bis vier, selten mehr Schüler umfassen sollte. Die heute immer noch dominierende Form des Frontalunterrichtes muß endlich den seit Jahrzehnten geforderten Formen von Gruppenaktivität weichen. Dies ist letztlich nur möglich, wenn man einen stofforientierten Lehrplan radikal kürzt und andere wichtige Ziele in den Vordergrund rückt. Rund 80 Prozent des Wissens, das wir während unserer Schulzeit erwerben, vergessen wir wieder. Angesichts dieses Sachverhalts wäre es denkbar, auf viele traditionelle Lehrstoffe zu verzichten. Da wir so vieles vergessen, weil wir es nicht mehr brauchen, muß die Besinnung auf das, was wir wirklich brauchen, permanent fortgesetzt werden und sich gegenüber vorwiegend stofflich orientierten Plänen durchsetzen. Die Arbeit in der Kleingruppe wird möglich, wenn genug Geldmittel und vorbereitetes Material zur Verfügung stehen. Als sehr vorteilhaft erweist sich die Teamarbeit der Lehrer selbst. In ihr können die Lehrer Modelle der Entscheidungsfindung selbst ausprobieren, können curriculare Elemente entwickeln und viele Fehlschläge der Gruppenarbeit durch Sammeln von Erfahrungen verhindern.

Curriculumentwicklung von unten her

Damit ist auch schon ausgesagt, daß der Lehrer nicht ein fertig bis in alle Einzelheiten ausformuliertes Curriculum von oben her erwarten darf. Wenn das Curriculum nämlich wirklich der Entfaltung persönlicher Autonomie und der aktiven Mitverantwortung für den anderen dient, dann gilt es, Lebenssituationen und Bedingungen einzubeziehen, die nur der Lehrer selbst bei seinen Schülern kennt. Die jetzt stattfindende curriculare Planung muß rechtzeitig durch die Aktivität der Lehrer auf breiter Basis unterstützt werden. Er ist und bleibt der letztlich Zuständige auch für die Planung und Entwicklung, nicht nur für die Durchführung des Curriculums.
Trotzdem ist die jetzige Entwicklung zu begrüßen, da sie dem Lehrer eine Fülle von Arbeit abnimmt. Sofern Geld vorhanden ist, kann er über ein ausgebautes Reservoir an Arbeitsmitteln verfügen. Er erhält hinreichend Hinweise

und Ideen für einzelne Stoffe und deren Vermittlung. Damit gewinnt er zum erstenmal in der Geschichte des Schulwesens Zeit, sich den Aufgaben zuzuwenden, die man früher global als Erziehungsaufgaben umschrieben hat. Der vorliegende Beitrag versuchte zu demonstrieren, daß jede unterrichtliche Maßnahme unmittelbar erziehliche Bedeutung besitzt und zwar nicht nur in dem unverbindlichen Sinne früherer Beschreibungen, sondern in einem aktuell gesellschaftspolitischen Sinn. Damit ist aber auch gesagt, daß Menschen, die sich nicht an solchen Fragen engagieren, keine guten Lehrer werden können. Stoffvermittlung und Lehren isolierter Fächerinhalte wird in Zukunft auch der Computer besorgen können. Sozialisation im Sinne der Gewinnung persönlicher Autonomie und des Eintretens für Benachteiligte dagegen verläuft über die menschliche Interaktion.

Horizontale Integration von Wissenschaft und Praxis

Ganz am Ende gilt es ein Mißverständnis aus dem Wege zu räumen, das bislang die Bildungsplanung beeinträchtigt. Die Umsetzung wissenschaftlicher Erkenntnis in der Schulpraxis vollzieht sich nicht nach einer vertikalen bzw. hierarchisch deduktiven Bewegung von oben nach unten. Alle Versuche, aus allgemeinen Erziehungs- und Gesellschaftszielen konkrete Lernziele auf dem Weg der logischen Deduktion abzuleiten, sind bisher gescheitert, wissenschaftliche Analyse und Praxis können sich nur durch die Begegnung auf gleicher Ebene vereinigen.
Der Wissenschaftler kann in Zukunft dem Lehrer nicht mehr diktieren, was er in der Praxis tun muß, dazu ist er unfähig. Aber er kann mit dem Lehrer gemeinsam die Entwicklung von Curricula vorantreiben. Erst durch diese Art der Teamarbeit wird das Schulsystem substantiell reformiert werden können. Möglich wären in diesem Zusammenhang kleine Arbeitsgruppen, die über das ganze Land verteilt sind und die unterschiedlichen regionalen und sozioökonomischen Bedingungen an Ort und Stelle berücksichtigen.

IV. Hans E. Giehrl

Der Aufsatzunterricht als Beitrag zur sozialen und geistigen Emanzipation

1. Emanzipation

Zu den zahlreichen Schlagwörtern, die heute auch im Bereich der Erziehung und Schule oft bis zum Überdruß gebraucht werden, obwohl man sich über ihren Inhalt kaum verständigt hat, scheint auch der Begriff „Emanzipation" zu gehören. Ihm haftet etwas Progressives, Demokratisches, Zeitgemäßes an, und da er auf die schillerndste Weise anwendbar ist, mag jeder das seine damit anfangen. Ob wir Emanzipation mit Mündigkeit, Gleichberechtigung, Freiheit, Chancengleichheit, Selbstfindung oder Freiheit von Repressionen gleichsetzen, immer läßt sich im Kreislauf der Ideologien aller Schattierungen ein hübscher Platz für ein so nützliches Wort finden.

Die etymologische Erschließung des Wortes legt nur eine unzulängliche Erläuterung des heutigen Gebrauchs offen. Die emancipatio war bei den Römern die förmliche Freilassung des Sohnes aus der väterlichen Obhut; der Vater gab den Sohn ex manu, aus der Hand, damit dieser in Freiheit sein eigenes Leben gestalten konnte. Auch die freiwillige Preisgabe einer Sache konnte unter diesen Begriff fallen, jedenfalls war die emancipatio immer eine freiwillige Freigabe und keineswegs eine Besitzergreifung. Die Freisetzung aller Menschen und Menschengruppen im Sinne der Gleichberechtigung mit anderen, bislang privilegierten Gruppen, hat erst das 19. Jhd. in größerem Umfang in das Denken und Wollen aufgenommen, und nach dem Vorgang der politischen Grundforderungen der Französischen Revolution, der Freiheit, Gleichheit und Brüderlichkeit, auch in den sozialökonomischen Bereich hinein erweitert. Durch die Veränderung eines auf Beharrung beruhenden Geschichtsbildes zu einem von Wandel und Fortschritt geprägten, mußte die menschliche Entwicklung als ein Weg zur Freiheit und Gleichberechtigung verstanden werden, als ein evolutionärer Weg, dessen Ziel die Emanzipation aller in politischer, sozialer, wirtschaftlicher und geistiger Hinsicht sein sollte. Es galt, einen Zustand aller Menschen zu erreichen, der den grundlegenden, naturgegebenen Freiheitsanspruch erfüllte und die Selbstverwirklichung im Sinne der Selbstbestimmung ermöglichte. Von einem Zustand der Selbstentfremdung wollten viele Denker des 19. Jhd., allen voran Karl Marx, den Menschen zur Freiheitsfähigkeit und tatsächlichen Freiheit führen, in dem sie ihm die Einsicht in die vielfältigen Formen der Unterdrückung vermittelten und ihn über seinen Freiheitsanspruch aufklärten. Aufklärung verstanden sie als die Grundlage der Emanzipation, die allen benachteiligten Gruppen zuteil werden sollte, so den Kindern, den Frauen, den Arbeitern, den Ungebildeten, den unterdrückten und ausgebeuteten Kolonialvölkern.

In unserer mehr auf Veränderung und Weiterentwicklung als auf Wahrung bestehender Verhältnisse ausgerichteten Gesellschaft ist Emanzipation zu einem ständigen Prozeß geworden, insofern sich menschliche Freiheit nur in ständigen Befreiungen vollzieht, die einzelne Menschen wie ganze Gruppen gegen innere und äußere, eigene und fremde Zwänge erreichen müssen. Die erstrebenswerte Entfaltung der Individuen als sozialer Wesen und die Weiterentwicklung gesellschaftlicher Verhältnisse im Sinne vermehrter Gerechtigkeit bedingen fortlaufend Emanzipationen verschiedenster Art, darunter insbesondere die Gleichberechtigung benachteiligter Gruppen, wobei Emanzipation freilich nicht ein revolutionärer Akt, eine einfache Umkehrung bestehender Vorrechte und Herrschaftsverhältnisse sein kann, sondern die Öffnung von Zugängen und Freiheiten im Feld einer allgemeinen Rechtsordnung, die ihrerseits emanzipatorischen Prozessen offen bleiben muß.

Wenn unsere demokratischen Grundrechte und Handlungsfundamente nicht bloße Formalia bleiben sollen, muß unsere Erziehung die jungen Menschen aus ihrer Unmündigkeit umfassend herausführen und sie für ein freiheitliches, selbstbestimmtes Leben ertüchtigen, wobei ihnen nach besten Kräften alle Chancen für eine möglichst sinn- und inhaltsreiche Existenz geboten werden müssen. Nur mündige, also emanzipierte Bürger sind fähig, eine auf Selbst- und Mitbestimmung gegründete Staats- und Gesellschaftsform zu verantworten, zu gebrauchen und zu erhalten.

Mündiger Bürger kann aber nur der Mensch sein, der es gelernt hat, abgewogen zu urteilen. Nur wer die Spannungen zwischen Anspruch und Verwirklichung, Sinngebung und Sinnverfehlung erkennen kann, wer also auch kritisch zu denken und zu fragen versteht, vermag die oft diskrepanten konkreten Gegebenheiten angemessen zu erfassen, sich bedrohlichen Abhängigkeiten zu entziehen und frei zu bleiben für rationale Entscheidungen im Rahmen seiner geistigen und sozialen Verhältnisse und Aufgaben.

Emanzipation muß freilich heute auch in einer nahezu wertfreien Gesellschaft, die drauf und dran ist, in ihrer geschichtslosen Liberalität, Pluralität und Toleranz sich selbst in Frage zu stellen, den Mut zur Wertung mit einschließen. Wahre Mündigkeit gründet auf Maßstäbe und Wertordnungen, die verbindlich bleiben, auch wenn sie Handlungen oder Verhaltensweisen der Menschen belasten und beschwerlich machen. Das Ringen um neue, tragfähige Wertordnungen, die auf unseren Elementarwerten wie Freiheit, Gerechtigkeit oder Menschenwürde gründen, wird mit Sicherheit zu den wichtigsten Aufgaben gehören, die eine von emanzipierten Menschen gebildete Gesellschaft in naher Zukunft zu leisten hat. Emanzipation bedeutet deshalb nicht nur kritische Distanzierung und Befreiung von Zwängen und Herrschaftsverhältnissen, sie muß auch Wertsuche und Wertgebundenheit beinhalten, darauf allein verantwortliches Handeln beruhen kann.

Letztlich darf noch ein weiterer, so gern mißachteter Aspekt aller Emanzipation nicht übersehen werden: Die Gefahr der Utopie einer grenzenlosen Freiheit. Menschliche Freiheit bleibt zwischen Geburt und Tod immer begrenzt, individuelle und soziale Unfreiheiten lassen sich nie völlig beseitigen. Nicht die schrankenlose Befreiung von allen Bindungen darf daher Hauptziel aller Emanzipationen sein, vielmehr eine verantwortete Freiheit zur Selbstverwirklichung in der Gemeinschaft der Mitmenschen, die den Verlust an Sicherheit und Geborgenheit erträglich macht, den Freiheit immer fordert.

2. Die sprachliche Mündigkeit als Grundlage der sozialen Emanzipation

Die neuere Pädagogik und Philosophie hat in zahlreichen Äußerungen die Sprache als ein besonders bedeutsames Mittel der Emanzipation dargestellt. Jürgen Habermas äußert das z. B., wenn er schreibt: „Das Interesse an der Mündigkeit schwebt nicht bloß vor, es kann a priori eingesehen werden. Das, was uns aus Natur heraushebt, ist nämlich der einzige Sachverhalt, den wir seiner Natur nach erkennen können: Die Sprache. Mit ihrer Struktur ist Mündigkeit für uns gesetzt" (J. Habermas 1969, S. 163). Sprache ist Freiheit und Zwang zugleich. Mit Hilfe sprachlicher Kodierungen versucht die Gesellschaft bestimmte Rollenerwartungen für ihre Mitglieder festzulegen und ihr Verhalten zu kanalisieren. Gleichzeitig aber gibt gerade dieselbe Sprache auch die Möglichkeiten, diese Bahnungen zu durchbrechen, sich der Konflikte zwischen dem einzelnen und der Gesellschaft, zwischen den Gruppen und Generationen bewußt zu werden und diese Konflikte und Probleme zu begreifen und zu lösen. Kritische, programmatische, appellative Sprachäußerungen werden im Dienste emanzipativer Strebungen wirksam und tragen zur Freiheit im sozialen Raum Entscheidendes bei.

Bei der Entwicklung des einzelnen Menschen zeigen sich die emanzipativen Leistungen der Sprache als Mittel der Selbstwerdung, die es ihm erlauben, eine eigene Persönlichkeit zu entwickeln, die eigenen Haltungen und Lebensweisen zu artikulieren. M. M. Lewis hat den langwierigen

Prozeß des Erwerbs der Muttersprache als den fundamentalsten Emanzipationsprozeß des Menschen schlechthin bezeichnet, und Werner Loch hat einige Grundtatsachen des emanzipativen Gebrauchs der Sprache im Erziehungsprozeß festzustellen versucht, die teilweise ganz allgemein für die Leistung der Sprache bei der menschlichen Emanzipation gelten (M. M. Lewis 1970, W. Loch 1970).

Emanzipative Spracherziehung muß ganz entschieden frei von Repressionen und Herrschaftsansprüchen sein: Sie muß sich der Wahrheit verpflichtet wissen, ohne Rücksicht auf Zwänge und Beschränkungen. Anstelle von Autoritäten müssen in einer auf Mündigkeit gerichteten Spracherziehung vernünftige Begründungen die Forderungen und Behauptungen stützen. Solch ein vernünftiger Sprachgebrauch kann nicht ohne entsprechende Sachkunde geschehen. Die aus den Einsichten in die Sachverhalte gewonnenen Erkenntnisse müssen in folgerichtigem Aufbau so dargelegt werden, daß jede Aussage einsichtig, nachprüfbar und damit überzeugend wird. Emanzipativer Sprachgebrauch ist auch partnerbezogen, insofern er ein Höchstmaß an Verständlichkeit erstrebt, auf die Sprachverhältnisse des Partners Bezug nimmt und dessen Rückäußerungen breiten Raum läßt. Der sprachlich mündige Mensch läßt es trotz aller Gleichberechtigung und Kompetenz, die er seinem Sprachpartner zubilligt, nicht an kritischer Distanzierung fehlen. Nur was der vernünftigen und realitätsbezogenen Prüfung stand hält, was öffnet und nicht verbirgt, wird er akzeptieren. Kritische Zuwendung bedeutet keineswegs negative Konfrontation, sie schafft vielmehr die Basis sachbezogener Auseinandersetzung im Dienste bleibender Verständigung. Da kritischer Sprachgebrauch nicht ohne Normen und Wertmaßstäbe möglich ist, hat die sprachliche Emanzipation auch die Aufgabe der Wertorientierung und Wertverpflichtung. Sie ist, wie ich schon andeutete, gerade in unserer Zeit und Gesellschaft so überaus schwierig geworden, da wir heute zwar uns sehr rasch aller möglichen Unzulänglichkeiten und Fehler bewußt werden, viel weniger aber praktikable Abhilfe anbieten können. Vielleicht sollte sprachliche Emanzipation gerade auch auf eine projektive Kreativität hin angelegt werden, auf die Fähigkeit, in Gedanken und Worten Lösungen zu versuchen, die den Spannungen der Wirklichkeit stand halten und nicht als Utopien oder Romantizismen wirkungslos verpuffen.

Bevor wir uns nun konkret den Aufgaben und Möglichkeiten einer emanzipatorischen Spracherziehung zuwenden, wollen wir die Ziele des emanzipatorischen Sprachgebrauchs nochmals zusammenfassen. Emanzipatorische Spracherziehung erstrebt einen zwangfreien, partnerbezogenen und reversiblen Sprachgebrauch, der sachorientiert, vernünftig, logisch folgerichtig und verständlich ist. Der sprachlich emanzipierte Mensch vermag kritisch distanziert aufzunehmen und zu urteilen, er verfügt über eine zureichende Wertordnung und die Fähigkeit zur prospektiven Kreativität, die er im sozialen Engagement bewährt.

3. Die mündliche und schriftliche Sprachgestaltung als Beitrag zur sprachlichen und sozialen Emanzipation

3.1 Die Realität

Betrachten wir die schulische Wirklichkeit unter dem Aspekt ihres Beitrags zu einer emanzipatorischen Sprachförderung, müssen wir nüchtern feststellen, daß vielerorts wenig davon die Rede sein kann. Häufig ist unsere Spracherziehung noch eben so vordergründig funktional wie vor Generationen. Lesen und Schreiben werden als elementare Kulturtechniken in ihren Grundlagen vermittelt und geübt, und manchem Deutschlehrer ist ein tüchtiges Rechtschreibergebnis noch immer weit wichtiger und bequemer, als eine mühselige und letztlich doch nicht völlig geglückte Förderung der sprachlichen Ausdruckskräfte. Während so Formfragen ungebührlich überbetont werden, bleibt das eigentliche Eindringen in Gestalt und Leistung der Muttersprache auf der Strecke. Der junge

Mensch lernt häufig nicht, sich seiner Sprache umfassend zu bedienen, sie als ein Mittel seiner Lebensbewältigung variabel zu gebrauchen.

Die immer noch sichtbare Abneigung gegen den Grammatikunterricht ist ein deutliches Zeichen, daß die Sprachdidaktik es bisher nicht verstanden hat, die bewußte, die wissende Auseinandersetzung mit dem Phänomen Sprache überzeugend zu motivieren. Sie hat Lehrern und Schülern noch nicht den eminent wichtigen Zusammenhang zwischen sprachlicher Kompetenz und sozialem Sein verdeutlicht und nicht einsichtig genug die Besonderheiten und Bedingungen sprachlicher Kommunikation herausgehoben. In einem naiven Sprachrealismus werden vielfach die Sprachmittel für die Sache selbst genommen, die Verhältnisse zwischen Wort und Sache, Bezeichnendem und Bezeichnetem nicht klar erkannt und die Sprache mißverständlich als sozialer Zwang, als Unfreiheit genommen, deren Macht und Manipulationen man kaum entrinnen kann. Die Sprache wird nicht als ein System frei gesetzter Zeichen erkannt, das keinen zwanghaften Zusammenhang zwischen Sache und Zeichen kennt, auch nicht als ein Mittel geistiger Freiheit, das den Zugriff auf die Welt der Dinge und Personen in mannigfaltiger Weise gestattet. Das sprachliche System muß aber als ein „Potential von Gestaltungsweisen" begriffen werden, damit man sich aus seinem Sozialzwang lösen und es als Prinzip möglicher Freiheit emanzipierend verwerten kann.

Das Kind ist im ersten Lebensjahrzehnt in seine Sprache distanzlos wie in eine geistige Heimat hineingewachsen. Der Jugendliche muß nun der Welt seiner Sprache gegenübertreten, damit er sich verantwortlich zu ihr bekennen kann. Das sprachliche Weltbild des Kindes entwickelt sich immer differenzierter, und mit der wachsenden Fähigkeit zur Reflexion gewinnt es auch die Fähigkeit, über den naiven Sprachgebrauch hinaus Abstand zu gewinnen und Bau und Funktionsweise der Sprache bewußt zu erkennen. Haben die Sprachübungen der Grundschule es in die Verbindlichkeiten der Standardsprache eingeführt, können die Sprachbetrachtungen der späteren Schuljahre schrittweise Einsicht in die sprachlichen Strukturen vermitteln, die das Kind bisher unreflektiert gebrauchte. Die Begegnung mit Texten kann vor allem dazu helfen, die sinnstiftende Leistung der Sprache zu verdeutlichen, und besonders sprachliche Kunstwerke sind nach Inhalt und Gestalt nur durch die Sprache das geworden, was sie sind. Gerade am sprachlichen Kunstwerk kann der junge Mensch erkennen lernen, wie sehr Sprache Freiheit bedeuten kann, Freiheit der Aussage und der Form, und wie auch er an dieser Freiheit teilhaben kann.

Je einsichtiger der Jugendliche der geistigen Objektivation Sprache gegenüber steht, um so freier kann er von ihr aktiven und passiven Gebrauch machen, um so mündiger wird er als Sprachwesen. Nicht naive Sprachteilhabe, nicht ein unreflektiertes Ausgeliefertsein an eine anonyme Sprachmacht darf die Spracherziehung bleiben, sondern ein fragendes, kritisches Begegnen, ein bewußtes Eindringen in das kommunikative Zeichensystem Sprache. Damit ist, wie Werner Ingendahl sagt, „der emanzipatorische Schritt getan, vom sprachbeherrschten zum sprachbeherrschenden Menschen: er steht in der Sprache, aber er steht zugleich der Sprache gegenüber — weil er weiß, wie er zur Sprache steht" (W. Ingendahl 1970, S. 9).

Wohl in keinem Bereich des Deutschunterrichts ist die Einsicht in den Zusammenhang zwischen Sprache und Welt, Wort und Sache, in die Wirksamkeit und Schwierigkeit sprachlicher Kommunikation deutlicher und nachhaltiger zu gewinnen, als bei sprachlichen Gestaltungsaufgaben. Aufsatz und Gespräch geben besonders wirkungsvolle Gelegenheiten zu einer denkend-handelnden Auseinandersetzung mit der Sprache und ihren Leistungen. Die selbsttätigen Gestaltungsaufgaben, durch Schrift und Tonträger objektiv feststellbar — können unseren Schülern hervorragend zeigen, wie sehr geistige und soziale Freiheit von der Sprache mitbestimmt werden und wie sehr es auch im Sprachunterricht letztlich um reale Sachen und gesellschaftliche Bezüge geht, die uns aber erst im Medium der Sprache verfügbar werden. Sie können durch das eigene Sprachhandeln erkennen, wie sehr

Sprachbildung nicht Selbstzweck, sondern ein Beitrag zur allgemeinen Menschenbildung, zur Selbstbefreiung und Selbstbestimmung des Menschen und der ihn umgebenden Gesellschaft ist.

3.2 Die Aufgaben

Was bisher zum Beitrag der Sprachgestaltung zur geistigen und sozialen Emanzipation des Menschen gesagt wurde, war noch recht allgemein und grundsätzlich. Die Verwirklichung dieser Anliegen im Unterricht fordert nun eine detaillierte Betrachtung, eine Besinnung über Einzelleistungen, die zu erbringen sind, um das gesteckte Ziel zu erreichen. Wir müssen erkennen, welche konkreten emanzipatorischen Beiträge der Aufsatzunterricht leisten muß, soll er im genannten Sinne wirksam werden.

Sieben Aufgaben sind vor allem anzugreifen:

1. Die allgemeine Steigerung der sprachlichen Kompetenz und Performanz und die sach- und partnergerechte Verwendung der einzelnen Sprachebenen
2. Die Entwicklung der Fähigkeit zur Teilhabe und Selbstbehauptung im sprachlichen Dialog
3. Die Entwicklung des Willens zur Selbstbestätigung im sprachlichen Ausdruck, zur sachlichen Kritik und Distanzierung
4. Die Rationalisierung der Denk- und Verhaltensweisen
5. Die Entwicklung der Fähigkeit zur Argumentation und zum Erkennen von Manipulation
6. Die Förderung der appelativen Kräfte
7. Entwicklung der Korrektur- und Leistungsbeurteilung als Mittel der Emanzipation

Alle diese Aufgaben sind nur theoretisch einigermaßen klar zu trennen. In der Praxis gibt es zahlreiche Übergänge und Verbindungen, wie auch die Wechselwirkungen nicht gering eingeschätzt werden dürfen.

Zu 1. Die Steigerung und Erweiterung der sprachlichen Kompetenz des Sprachvermögens, des Besitzes an Sprachmitteln, muß ebenso eines der Hauptziele des Deutschunterrichts sein, wie die Förderung der sprachlichen Performanz, der Sprachverwendung, die natürlich möglichst vielfältig und nuancenreich erfolgen soll. Die Fähigkeit, Sätze seiner Muttersprache zu bilden und zu verstehen, die das Kind als seine Sprachkompetenz schon in die Schule mitbringt, wird im Deutschunterricht planvoll erweitert und ergänzt. Dabei muß man freilich beachten, daß jedes Kind neben seiner speziellen sprachlichen Kompetenz auch eine soziale besitzt, die sich dadurch äußert, daß es nach bestimmten gruppenspezifischen Regeln handelt, die sich auch auf die sprachliche Kompetenz auswirken. Eine begrenzte Zahl sozialer Verhaltensmuster kann so zu einem Hindernis für die sprachliche Entwicklung des Kindes werden, versperrt sie doch die Erweiterung seiner Sprachkräfte. Die vielzitierten Sprachbarrieren beruhen zuerst auf einem Mangel an Verhaltensmustern und einer unzureichenden geistig-sozialen Flexibilität, so daß ihr Abbau leider eine über den Sprachunterricht weit hinausgehende Aufgabe darstellt. Das ist um so bedauerlicher, als eine zureichende sprachliche Kompetenz die Grundlage für viele Erfolge in der Schule abgibt, da ja die meisten schulischen Fortschritte auf sprachlichen Grundlagen basieren. Der Deutschunterricht kann deshalb mit Recht als eine Art Grundlage für jeden Schulunterricht gelten. „Er schafft die Voraussetzungen für das Verstehen neuer Zusammenhänge und bestimmt das Verhalten in bestimmten Situationen. Die Erweiterung der sprachlichen Kompetenz geschieht natürlich nicht nur im Deutschunterricht, sondern in allen Fächern, nur ist sie dort stärker an bestimmte Wissensgebiete gebunden. Dem Deutschunterricht stellt sich dagegen die Aufgabe, die allgemeine Kompetenz der Schüler zu erweitern, die sie brauchen, um sich in ihrer Umwelt zu bewähren" (H. J. Heringer 1971, S. 60). Da aktives Sprachtun weit mehr eine nachhaltige Kompetenzerweiterung fördert als bloß rezeptives Sprachverstehen, kommt in diesem Zusammenhang der eigenen Sprachgestaltung eine besondere Bedeutung zu, kann doch sie allein die Sprachmuster festigen und sichern. Dem aktiven Wortschatz, wie dem Umfang der tatsächlich beherrschten syntaktischen Formen, muß eine größere Wichtigkeit für die Kompetenzförderung zuerkannt werden als dem bloßen Verstehenkönnen, da sie allein den wirklich verfügbaren Sprachraum des Individuums ausdehnen. Das Ringen um den sachgerechten, personverbundenen Ausdruck darf als die nachhaltigste Förderung der Sprachkraft angesehen werden, zwingt es doch den Schüler wie nichts anderes zur Besinnung auf die möglichen Sprachmittel, ihre Kraft und Leistungsfähigkeit. In der schriftlichen Gestaltung muß sich der Schreibende subjektiv engagieren und sich mit Sachverhalten objektiv auseinandersetzen, um sie sprachlich erfassen zu können. Aus dem subjektiven Engagement gewinnt der Schüler emanzipative Kräfte für die Erweiterung seines Weltbildes in Richtung auf Emotionalität und Erkenntnismöglichkeiten, während er in der sprachlichen Auseinandersetzung mit Objekten eine emanzipative Kompetenzerweiterung im Bereich der Erkenntnis und Verfügbarkeit über Sachen erreicht.

Auch die sach- und partnergerechte Sprachverwendung initiiert eine Erweiterung der sprachlichen Kompetenz und Performanz. Je mehr das Kind erkennt, daß bestimmte Situationen und Sachen nur durch angemessene Sprachmittel faßbar werden und daß eine volle Verständigung mit anderen Menschen entscheidend von der dem Sprachpartner angepaßten Ausdrucksweise abhängt, desto mehr kann es sich bemühen, diese Leistungen zu erbringen. Wir müssen ihm helfen, die Grenzen seiner dialektischen oder soziolektischen Ausdrucksweise abzustecken und ihm die differenzierten Möglichkeiten der Hochsprache aufschließen. Das muß nicht mit einer Abwertung des Dialekts oder des Soziolekts verbunden sein, es geht vielmehr um die Einsicht in die unterschiedlichen Leistungsmöglichkeiten der verschiedenen Sprachebenen.

Wiederum bietet gerade der Aufsatzunterricht eine einmalige Gelegenheit aktiver Bewältigung hochsprachlicher Aufgaben. Was in der mündlichen Sprachäußerung oft unnatürlich und gespreizt klingt, wird im geschriebenen

Wort keinesfalls so außerordentlich empfunden. Die schriftliche Gestaltung ist nicht allein der ruhigeren Überlegung wegen für anspruchsvollere Ausdrucksformen geeigneter, sie erlaubt auch vielen Schülern die distanziertere bewußtere und sublimere Schreibweise in zwangloserer Haltung.

Zu 2. Die Entwicklung der Fähigkeit zur Teilhabe und Selbstbehauptung im sprachlichen Dialog ist ebenfalls eine sehr wichtige Aufgabe der emanzipatorischen Spracherziehung. Das Kind muß lernen, seinen Zuhörern oder Lesern als äußerungs- und aufnahmebereiter Partner zu begegnen, und seine Sprachgestaltung muß auch dann partnergerichtet sein, wenn, wie im Aufsatz, keine unmittelbare Rückäußerung zu erwarten ist. Die Partnerhaltung verlangt gleichermaßen Anerkennung des anderen und Selbstbehauptung. Die Fähigkeit, auf Gedanken und Fragen anderer einzugehen, sachgerecht und wirkungsvoll zu antworten und selbst zielstrebig und klar zu fragen, ist vor allem im Umfang und in der Differenzierungsmöglichkeit der eigenen Sprachmittel begründet und trägt entscheidend zur Entwicklung der sozialen Emanzipation des Kindes und Jugendlichen bei. Je sprachsicherer das Kind sich fühlt, um so intensiver, freudiger und erfolgreicher wird es den sprachlichen Dialog zu führen bereit sein. Es gilt daher bei vielen Kindern zuerst eine sprachliche Barriere abzubauen, die nicht allein schichtenspezifisch bedingt ist, sondern bei Kindern aller sozialer Schichten auftreten kann, und die man als Initialhemmung der sprachlichen Äußerungsfähigkeit beseitigen muß. Daß hier viele außersprachliche Hilfen hinzukommen müssen, um erfolgreich zu sein, ist jedem erfahrenen Lehrer klar.

Zu 3. Die Entwicklung des Willens zur Selbstbestätigung im sprachlichen Ausdruck ist ohne Zweifel eines der wichtigsten Förderungsmittel. Das Kind soll Schritt für Schritt von der Grundschule bis zum Ende der Schulzeit ein Erfolgsbewußtsein gewinnen, das es ihm erlaubt, Selbstvertrauen in seine sprachliche Ausdruckskraft zu bekommen. Mögen die Fortschritte zuweilen noch so bescheiden, Mißerfolge unausbleiblich sein, insgesamt kann ohne eine grundlegende Selbstbestätigung, die Vertrauen in die eigene Leistungsfähigkeit begründet, keine emanzipatorische Spracherziehung gelingen. Gerade die Förderung des Willens zur Selbstbestätigung hindert nicht, gleichzeitig auch eine Haltung der Solidarität zum Sprachpartner aufzubauen. Selbstvertrauen setzt Fremdvertrauen voraus, die Anerkennung der eigenen wie der fremden Leistungen wirkt gleichermaßen befreiend.

Zu 4. Eine der wichtigsten Voraussetzungen und zugleich Zielvorstellungen emanzipatorischer Spracherziehung ist die Rationalisierung der Denk- und Verhaltensweisen. Der junge Mensch muß lernen, ohne diffuse emotionale Unsicherheiten die Welt auch sprachlich rational zu erfassen. Das Bemühen um das genaue, treffende, unverwechselbare Wort, um unmißverständliche syntaktische Formulierungen von Gedanken und Informationen, die alle Aufsatzarbeit bestimmen sollen, werden zu einer wesentlichen Grundlage der geistigen und sozialen Emanzipation. Im Ringen um den sprachlichen Ausdruck gewinnt das Kind zugleich ein Stück Freiheit, in dem es damit Gegebenheiten und Sachverhalte erfaßbar, begreifbar und so auch beherrschbar macht. An die Stelle ungenauer Gefühlsanmutungen und affektiver Betroffenheit treten für den mündig werdenden Menschen mehr und mehr rationales Kalkül und sachliche Entscheidung, um so mehr, als er bestimmte Situationen sprachlich zu fassen versteht, sie also benennen und beurteilen kann.

Zu 5. Eine ganz wesentliche Leistung im Hinblick auf die Entwicklung mündiger Menschen erbringt die mündliche und die schriftliche Sprachgestaltung durch die Förderung der Fähigkeit, überzeugend zu argumentieren, Widersprüche zu erkennen und den manipulativen Mißbrauch der Sprache zu entlarven. Der Deutschunterricht in der Volksschule hat lange diese Aufgaben etwas zu ängstlich zurückgestellt, da man der Meinung war, Aufsatzformen wie die Erörterung oder die Facharbeit würden die Schüler überfordern. Wir können heute diese Besorgnis nicht mehr teilen, wollen wir nicht verantworten, daß erhebliche Teile unseres Volkes ohne eine sprachlich-geistige Elementarschulung bleiben, die Voraussetzung für mündige Menschen und Staatsbürger ist. Mindestens seit der Einführung des 9. Schuljahrs können bei sinnvoller Bescheidung auch Aufsatzformen wie die Erörterung (Betrachtung) oder kleinere Facharbeiten erfolgversprechend in den Deutschunterricht der Hauptschule einbezogen werden. Schon in früheren Schuljahren bieten sich bei Berichten, Beschreibungen und in Niederschriften Gelegenheiten zu argumentierenden Sprachübungen, freilich nicht im gleichen Maße wie in Diskussionen oder Erörterungen. Die Erörterung verlangt eine abwägende gedankliche Auseinandersetzung mit Lebensfragen und Sachproblemen. Wenn in der Hauptschule auch nicht in gleichem Maße wie in der gymnasialen Oberstufe das abstrakte theoretische Denken erlernt und geübt werden kann, der folgerichtige Aufbau einfacher Gedankengänge muß auf jeden Fall geschult werden und nicht weniger das sachbezogene genaue Denken, ein wohlüberlegtes Urteilen und besonnenes Werten. Die wirtschaftliche, soziale und politische Lebenspraxis fordert ja auch von sogenannten „einfachen" Leuten immer häufiger wohlbegründete, also auf Argumente gestützte Stellungnahmen und ebenso sachliche Wertungen. Das Leben verlangt vielfach auch abwägendes Urteilen und Bedenken, das vorbereitet werden kann, wenn der Sprachunterricht in der Schule die Grundlagen dafür liefert. Wenn wir uns in der Hauptschule auch nur mit einfachen Fragenkreisen und Themen auseinandersetzen können, mindert das den Wert der Arbeit mit Erörterungen und zielstrebigen Diskussionen keineswegs. Diese Gestaltungsübungen werden sich im 8. und 9. Schuljahr auf einfache Sachfragen und persönliche Probleme beschränken müssen, die der Geisteskraft und der Interessenlage 14- bis 15jähriger Schüler angemessen sind. Zwei wichtige Voraussetzungen für die erfolgreiche Arbeit mit Erörterungen müssen stets bedacht werden:

a) Die Ausbildung des begrifflichen Denkens muß ebenso gefördert werden wie die Auswertung des Begriffsvorrates der Schüler. Dazu sind einfache Definitionsübungen, Ordnungsübungen nach Ober- und Unterbegriffen und aufmerksames Benützen von Lexika und Wörterbüchern dienlich.

b) Die Themenwahl muß besonders sorgfältig nach den Gesichtspunkten der Lebensnähe, Interessenverbundenheit und Altersgemäßheit erfolgen. In der Regel werden die Aufsätze durch ein Unterrichtsgespräch oder eine Diskussion vorbereitet, wobei sich meist rasch zeigt, ob sich die gründliche Erschließung lohnt oder nicht. Wenn eine nähere Beschäftigung sinnvoll erscheint, führen Stoffsammlungen, Ordnungs- und Gliederungsübungen die Schüler weiter, wobei die Schüler sehr schnell den Wert erschließender Leitfragen erkennen lernen, die der Lehrer direkt oder über Impulse anregen kann. Es ist eine uralte Denk- und Geistesschulung, nach dem Was, Wie, Warum, Wozu, Wann und Wie der Dinge zu fragen, die Vorzüge und Nachteile zu bedenken und Vergleiche anzustellen. Die Schüler sollen also nach Personen und Dingen, Beziehungen und Situationen, Zweck und Mittel, Gründen und Folgen, Nutzen und Schaden fragen lernen und selbständig darauf Antworten zu geben versuchen. Wichtig ist, daß alle Antworten begründet werden, denn nur die Kraft der Argumente bestimmt den Wert der Antwort und ihre Wirkung. Je besser unsere Schüler in Sachfragen und Wertentscheidungen zu argumentieren lernen, um so größer wird die Mündigkeit, und um so geringer die Gefahr des Ausgeliefertseins an falsche oder irreführende Gedanken anderer. Die Entwicklung der begründeten Gedankenführung hilft unseren Schülern, Widersprüche in der Argumentation anderer Menschen leichter zu erkennen und vermindert das Risiko sprachlicher Manipulationen. Auf diese Weise gewinnen sie eine erhebliche Sicherheit der eigenen Position, die unabdingbare Voraussetzung jeder sozialen Emanzipation bleibt.

Zu 6. Wichtig für die geistige und soziale Emanzipation ist auch die Förderung der appellativen Kräfte unserer jungen Menschen. Man versteht darunter die Fähigkeit, eigene Überzeugungen und Einsichten sachgerecht und wirkungsvoll so darzulegen, daß sie sich gegen Auffassungen anderer durchsetzen können. Begründete und wohlformulierte Gedanken und Urteile sollen durch ihr Gewicht und ihre Form wirksam werden. Wir dürfen die appellativen Aufgaben der Spracherziehung nicht unterschätzen. Je mehr es uns gelingt, möglichst viele Menschen zur sprachlich-geistigen Auseinandersetzung anzuregen, um so weniger wird rüde Gewalt oder skrupellose Demagogie herrschen können. In Gesprächen, Diskussionen, Erörterungen und Mitteilungen bietet sich vielfach Gelegenheit, Wert und Wirkung solcher sprachlicher Appelle zu erproben. Die sprachliche Ausdrucksfähigkeit wird hier zu einem Instrument, berechtigte Interessen zu vertreten und sich selbst im Widerstreit der Meinungen zu behaupten.

Zu 7. Die Korrektur und Leistungskontrolle hat für die Entwicklung emanzipierter Sprachteilnehmer eine größere Bedeutung, als das auf den ersten Blick erscheinen mag. Einmal macht die Korrektur eine Besinnung auf die sprachlichen Normen notwendig und damit auf grundlegende soziale Tatbestände, zum anderen bietet sie der Entwicklung der Selbstverantwortung ein so hervorragendes Übungsfeld, wie kaum eine andere Aufgabe im Bereich der Sprachgestaltung. Wie dem Lehrer sollte auch dem zur Mündigkeit heranreifenden Schüler die Problematik sprachlicher Normen zunehmend bewußt werden. Die sinnliche Seite der Sprache, Wortkörper, Klangkörper, Rechtschreibformen, sind ja nur durch Übereinkunft maßgebender sprachlicher Kompetenzen (Wissenschaftler, Schriftsteller) nach und nach in ihrer heutigen Form entstanden und durch institutionelle Lenkung (z. B. Duden) verbindlich gemacht worden, ohne daß vielfach überzeugende Begründungen aus der Sprache selbst möglich sind. Wie für das Rechtschreiben gilt das auch für die Verwendung vieler Wendungen und Wörter (heuer — in diesem Jahr; er ist gestanden — er hat gestanden). Wir müssen die formale Seite der Sprache, also auch das soziale Regelwerk verstehen lernen, das uns helfen, nicht aber sklavisch gängeln soll. Mündige Sprachverwendung zeigt sich auch darin, daß nicht kleinliche Beckmesserei, sondern tolerante Offenheit für mögliche Gebrauchsformen den Aufsatzunterricht bestimmt. Insbesondere darf nicht die Rechtschreibleistung einen wesentlichen Teil der Ausdrucksbeurteilung ausmachen. Wir sollten uns nicht scheuen, besonders die stilistische und inhaltliche Seite der Leistungskontrolle im Aufsatzunterricht als allgemeine Klassendiskussion zu führen, um so eine gründliche Einsicht in Wert und Unwert, Gelingen und Mißlingen verschiedener sprachlicher Gestaltungen, auch als Ausfluß sozialer Urteile zu gewinnen. In gemeinsamen Mühen von Aufsatzschreiber und Aufsatzleser um eine bessere Aussage wird auch eine starke emanzipative Kraft entbunden. Sprachliche Normen werden als solche erkannt und nicht mehr nur unreflektiert übernommen, sondern als relative Hilfen auf dem Weg zur sachgerechten Verständigung im Medium Sprache verwertet.

Schließlich geht noch eine wesentliche emanzipatorische Wirkung davon aus, daß wir mehr und mehr an die Stelle der Lehrerkorrektur die Selbstkontrolle der Schüler treten lassen. Viele Lehrer vertreten seit Jahren schon den Grundsatz, die Schüler soweit wie möglich zur Selbstprüfung ihrer Aufsätze anzuhalten, hergeleitet aus der Erkenntnis, daß so eine nachhaltigere und freiere Form der Leistungssteigerung ermöglicht wird. Freilich ist es nicht damit getan, für jeden Fehler einfach einen Strich an den Rand der Zeile zu markieren, es muß vielmehr eine intensive Fehlerberatung unter Mitwirkung der ganzen Klasse die Regel werden, und die Schüler müssen lernen, alle Hilfsmittel sinnvoll auszunützen. Wenn an die Stelle der Lehrerkorrektur die Schülerkorrektur treten soll, bleibt die Aufgabe des Lehrers bestehen, mit allem Nachdruck Hilfe zur Selbsthilfe zu leisten. Die regelmäßige Kontrolle der Schülerkorrekturen durch den Lehrer soll kein bedrückendes Leistungsmessen werden, sondern Denk-, Kombinations- und Gedächtnishilfe, die auch Alternativlösungen aufzeigt und die die Mithilfe anderer Schüler stets mit einschließt. So kann auch im Bereich der Leistungskontrolle ein Beitrag zur sozialen Emanzipation geleistet werden, damit die in der Sprache selbstbewußt und selbstbestimmt gewordenen jungen Menschen verantwortliche Mitglieder unserer Gesellschaft werden können.

Die Entwicklung des moralischen Bewußtseins und Verhaltens

1. Gemeinsame Elemente verschiedener Theorien

Unter moralischem Verhalten versteht man ein Verhalten in Übereinstimmung mit den Normen der sozialen Bezugsgruppe. In dieser ersten begrifflichen Fassung scheint moralisches Verhalten mit nur angepaßtem Verhalten zusammenzufallen. Übereinstimmend in allen Theorien moralischer Entwicklung wird daher auf ein weiteres Kriterium moralischen Verhaltens verwiesen, nämlich die Absicht oder die Motivation, warum sich eine Person in Übereinstimmung mit Gruppennormen verhält oder nicht. Aus dieser postulierten Entsprechung moralischen *Verhaltens* und moralischen *Bewußtseins* ergeben sich für die Theorienbildung und die empirische Forschung erhebliche Schwierigkeiten, die weiter unten noch diskutiert werden.

Übereinstimmend in verschiedenen Theorien wird weiterhin die frühe emotionale Beziehung zu den Eltern als wichtige Grundlage moralischer Entwicklung gesehen. Verhaltensregeln werden dem Kind bereits zu einem Zeitpunkt durch die Eltern vermittelt, zu dem es noch nicht in der Lage ist, den Sinn solcher Normen intellektuell zu begreifen (Warum darf man nicht im Garten des Nachbarn herumrennen?). Da jedoch die emotionale Beziehung zu den Eltern bereits ausgeprägt ist und bei Nichtbefolgung der von den Eltern gesetzten Normen Liebesverlust droht, richtet sich das Kind nach den Wünschen der Eltern. Wir sprechen hier von Verstärkungslernen mit den Mitteln der Belohnung oder Bestrafung (instrumentelle Konditionierung).

Es sei mit Nachdruck darauf hingewiesen, daß dieser erste Anfang moralischen Verhaltens immer nur eine Frühstufe moralischer Entwicklung darstellt. Es wäre ein Mißverständnis, zu folgern, daß die psychologische Theorienbildung moralisches Verhalten als ausschließliches Ergebnis von Verstärkungslernen oder Dressur auffaßt. Immer wird angenommen, daß ein erfolgreiches Durchlaufen moralischer Entwicklungsstadien über die Ergebnisse des anfänglichen Verstärkungslernens hinausgeht. Aus tiefenpsychologischer Sicht spricht man von Identifikation: auch wenn die Instanzen, von denen Belohnung oder Bestrafung ausgehen, nicht (mehr) wirksam sind, werden die den — inzwischen verinnerlichten — Normen zugeordneten Verhaltensweisen eingehalten. Das Individuum bestraft sich selbst durch Schuldgefühle im Falle einer Übertretung von Normen. Diese Annahme geht über die Theorie instrumenteller Konditionierung hinaus, da deren Lernergebnisse im Falle eines Ausbleibens positiver oder negativer Verstärker in gesetzmäßiger Weise wieder verlernt (gelöscht) werden.

Auch die im folgenden dargestellten Stufenmodelle moralischer Entwicklung sind nicht ausschließlich auf instrumentelle Konditionierung zurückzuführen. Von den ersten Anfängen der moralischen Lernprozesse an geht die Entwicklung in einer zweifachen, sich ergänzenden Richtung weiter: einer zunehmenden Aneignung und differenzierten Anwendung von Normen einerseits und einer fortlaufenden Veränderung der Motivation, diese Normen zu befolgen, andererseits. Ist es beim Kleinkind nur unreflektierte Angst vor möglicher Bestrafung, so kann es beim Vorschulkind bereits die Antizipation eines Nutzens sein: es lügt nicht, wenn es Entdeckung voraussieht, aber durchaus, wenn es sich gesichert fühlt und dadurch einen Vorteil erwarten kann. Hier zeigt sich der entscheidende Punkt der Gewissensbildung: Orientiert sich auch der Erwachsene nur an Kriterien der Zweckmäßigkeit in seinem moralischen Verhalten, so steht — darin stimmen alle theoretischen Ansätze überein — seine moralische Entwicklung auf einem niedrigen Niveau. Ein angemessenes moralisches Verhalten würde erfordern, daß Normen eingehalten werden, weil sie als Prinzipien erkannt und akzeptiert sind. In den unten darzustellenden Entwicklungsstufen des moralischen Bewußtseins wird — bei allen Unterschieden im Detail — durchgehend moralisches Verhalten aufgrund akzeptierter Prinzipien als Ziel- und Endpunkt im Sinne einer „autonomen Moral" betrachtet. Eine verbindliche, empirisch gesicherte Theorie, wie dieser Übergang von einer nur zweckgerichteten (heteronomen, von anderen Personen gesicherten) zu einer autonomen Moral ermöglicht wird, existiert nicht. Wohl aber sind Bedingungen bekannt, bei denen mit erhöhter Wahrscheinlichkeit ein solcher Übergang erfolgt bzw. unterbleibt — auf diese wird bei der Diskussion der Entwicklungsstufen hingewiesen.

Ein weiterer gemeinsamer Gesichtspunkt verschiedener Konzeptionen besteht in der Annahme, daß „das Gewissen" als Konstrukt aufzufassen ist. Damit soll gekennzeichnet werden, daß es sich um eine erschlossene Größe handelt, die nicht unmittelbar beobachtbar ist, die anzunehmen aber für die Theorienbildung zweckmäßig scheint. Religiöse Interpretationen des Gewissens sind dadurch nicht widerlegt, werden aber als Grundlage psychologischer Theorienbildung ausgeschlossen.

Als gemeinsame Elemente moralischer Entwicklung, wie sie in verschiedenen Theorien konzipiert sind, können wir zusammenfassen: Moralische Entwicklung bezieht sich auf das Erlernen sozialer Normen. Der Lernprozeß beinhaltet immer eine kognitive, aktionale und emotionale Komponente: Kenntnis von Normen und richtige Anwendung in verschiedenen Situationen (kognitive und aktionale Komponente) und die Gründe, die zur Einhaltung der Normen führen — Angst vor Strafe, Erwartung eines Nutzens, Verpflichtung gegenüber Prinzipien — (emotionale Komponente). Für den Verlauf der moralischen Entwicklung ist die soziale Bezugsgruppe entscheidend, die Lernergebnisse sind jedoch nicht in ausschließlicher Weise auf Effekte des Verstärkungslernens zurückführbar.

Im folgenden werden zunächst methodische Probleme bei der empirischen Erforschung der moralischen Entwicklung dargelegt.

2. Methodische Gesichtspunkte

2.1 Moralische Entwicklung und moralische Persönlichkeit

In der Entwicklungspsychologie bemüht man sich, Merkmale zu finden, die sich über viele Individuen hinweg auf einem zeitlichen Kontinuum systematisch verändern. Das heißt also, man versucht, ein Merkmal unter entwicklungspsychologischem Aspekt dadurch zu erfassen, daß man Beschreibungsdimensionen wählt, die mit möglichst hoher Wahrscheinlichkeit in gleicher oder ähnlicher Weise für möglichst viele Individuen zutreffen. Dies bedeutet einen entscheidenden Unterschied zu einer Betrachtungsweise unter persönlichkeitspsychologischem Gesichtspunkt. Denn hier sucht man ja nach Merkmalen, mit deren Hilfe die Individuen möglichst exakt voneinander unterscheidbar gemacht werden können.

Fragen wir nach der moralischen Persönlichkeit, so wird uns daran gelegen sein, Gesichtspunkte moralischen Verhaltens zu analysieren, in denen gerade die Einmaligkeit, das Existentielle, eben das Individuelle zum Ausdruck kommt. Gerade davon jedoch nimmt die entwicklungspsychologische Betrachtungsweise Abstand. Sie versucht Merkmale zu finden, mit deren Hilfe typisches Verhalten, typisches Bewußtsein, typische moralische Einstellungen auf der Basis einer noch vertretbaren Verallgemeinerung, d. h. mit ausreichend hoher Wahrscheinlichkeit beschrieben werden können.

Wir fragen also nicht: Was kennzeichnet die individuelle moralische Persönlichkeit oder welches ist die ausgeprägteste Form einer moralischen Persönlichkeit, sondern wir fragen: Welche relativ allgemeinen und bei einer ausreichend großen Anzahl von Individuen vorfindbaren Merkmale moralischen Verhaltens beschreiben moralische Entwicklung?

2.2 Die Beziehung zwischen moralischem Bewußtsein und Verhalten ist nicht eindeutig

Moralisches Bewußtsein muß empirisch näherungsweise erfaßt werden durch Einstellungsdaten, während das moralische Verhalten z. B. durch Beobachtung tatsächlichen Verhaltens unmittelbar zugänglich ist. Beide Datenreihen — Einstellungen und Verhalten — müssen miteinander in Beziehung gesetzt werden. Diese ist nicht eindeutig. Aus moralischem Bewußtsein folgt nicht mit Sicherheit ein bestimmtes moralisches Verhalten.

Untersuchungen zu dieser Problematik zeigen in erster Linie, daß zwischen Einstellungen und Verhalten ein sehr komplexes, beim gegenwärtigen Stand des Wissens nicht eindeutig analysierbares Wechselgefüge besteht.

Die Gründe für den Mangel an Übereinstimmung zwischen Verhalten und Einstellungen können in Konflikten zwischen Wertvorstellungen beruhen. So kann Wahrheitsliebe und Respekt vor einer anderen Person unter Umständen zu einem Konflikt führen. Von großer Bedeutung können motivationale Faktoren sein. Etwa wenn ein Kind Schaden anrichtet oder in der Schule stört, obwohl es genau weiß, daß es sich nicht richtig verhält, es jedoch nur auf diese Weise einen Weg findet, Aufmerksamkeit zu erregen. Mangel an sozialer Geborgenheit kann dazu führen, daß Wege, soziale Anerkennung (z. B. als „Star" in einer Schulklasse) zu erreichen, eine höhere Wertigkeit als die Einhaltung moralischer Normen erlangen; als Folge werden eventuelle negative Konsequenzen, wie Bestrafung durch Autoritätspersonen oder Schuldgefühle als das kleinere Übel in Kauf genommen. Unmoralische Verhaltenstendenzen trotz Wissens um moralische Normen sind dann als Verteidigungsreaktionen zu bewerten.

Es ergibt sich also die methodische Frage: Beschreiben wir die Entwicklung der Moral zutreffender durch die Entwicklung von moralischen Einstellungen oder durch die Entwicklung moralischen Verhaltens. Blicken wir auf das moralische Verhalten, so sind wir in der Gefahr, auch lediglich angepaßtes Verhalten zu indizieren und stehen damit nicht in Übereinstimmung mit Auffassungen, die besagen, daß erst die Motive, die Einstellungen einer Person, die ihr Handeln begleiten, ein moralisches Verhalten qualifizieren. Verhalten selbst ist in dieser Sicht keine ausreichende Bewertungsgrundlage, erst das Wissen, warum sich eine Person in einer bestimmten Weise verhält, ermöglicht eine Einstufung im Sinne moralischen Verhaltens.

Diesen Standpunkt führt Cronbach deutlich aus. Er will Charakter durch die Entscheidungen definieren, die ein Individuum trifft, wenn seine Handlungen das Wohlbefinden anderer beeinträchtigen könnten. Das tatsächliche Verhalten ermöglicht noch keine sichere moralische Wertung: „Nur wenn wir wissen, wie er seine Entscheidungen fällt und was ihn dazu motiviert, können wir entscheiden, ob eine bestimmte Handlung Überlegenheit und Reife zeigt. Das ist genau der Punkt, der in einer psychologischen Untersuchung des Charakters wichtig ist. Wir können die Güte einer Handlung nicht beurteilen, wenn wir nicht wissen, was sie für das Individuum bedeutet. Wie wir sehen werden, kann auch das beste Verhalten, wenn es hinsichtlich seiner Konformität mit den allgemeinen Normen beurteilt wird, einen *Mangel* an moralischem Urteilsvermögen offenbaren" (Cronbach, L. J., 1971, S. 669).

Andererseits ist unter pragmatischem Aspekt das tatsächliche Verhalten entscheidend. Denn Moral ist sozial orientiert, Moral ist um anderer Menschen willen da, Moral soll das Zusammenleben der Menschen ermöglichen und erleichtern. Und dieses Zusammenleben hängt vom tatsächlichen Verhalten der Individuen untereinander ab, also, wie sie sich tatsächlich zueinander verhalten, nicht wie sie sich zueinander verhalten möchten. Welcher der beiden möglichen Hauptindices — moralische Einstellungen oder moralisches Verhalten — herangezogen wird, hängt im Einzelfall von der spezifischen Fragestellung ab. Allerdings ist es so, daß moralische Einstellungen leichter erhebbar sind, so daß in der Literatur Fragestellungen, deren Beantwortung mit Hilfe von Einstellungsbefragungen möglich ist, häufiger anzutreffen sind als die Messung und Analyse des tatsächlichen Verhaltens. Die Frage, inwieweit Untersuchungsergebnisse aus dem Bereich moralischer Einstellungen verallgemeinert werden dürfen auf moralisches Verhalten ist nicht eindeutig zu beantworten. Einer der wichtigsten Vertreter des Konzeptes, das moralische Entwicklung auf Einstellungsdaten begründet, ist Piaget. Er spricht dann allerdings auch konsequent von der Entwicklung des moralischen Urteils.

Zu dieser zunächst einsichtigen Trennung von Einstellungs- und Verhaltensdaten muß noch bemerkt werden, daß sie der theoretischen Konzeption des Einstellungsbegriffes nicht entspricht. Diese will immer auch die Verhaltensseite mitberücksichtigen. Man unterscheidet bei Einstellungen drei Dimensionen: den emotionalen, den kognitiven und den aktionalen Aspekt. Es entspricht also dem Konzept von Einstellungen nicht, das Verhalten um methodischer Vereinfachung willen aus der Betrachtungsweise auszuklammern.

Die großangelegten Untersuchungen von Peck und Havighurst gehören zu den wenigen, die diesen Forderungen nach mehrdimensionaler Datenerhebung im Sinne des theoretischen Einstellungsbegriffes gerecht werden.

Gemeinsam ist den unten referierten Vorschlägen zur Beschreibung moralischer Entwicklung, daß sich kein Autor zu einer eindeutigen Kategorisierung moralischen Verhaltens in objektivem Sinne entschließen kann. Alle vertreten die Auffassung, daß dasselbe Verhalten moralisch oder unmoralisch sein kann, je nach den begleitenden Einstellungen einer Person zu ihrem Tun. Sehr deutlich wird dies auch dann, wenn wir die unterscheidenden Merkmale zwischen Stufen heteronomer und autonomer Moral betrachten. Diese unterscheidenden Merkmale bestehen weitgehend in der Begründung, die ein Individuum für sein Verhalten geben kann, nicht mehr im Verhalten selbst. Man muß sich klar darüber sein, daß bei völliger Konsequenz eine wissenschaftliche Aussage über autonomes Verhalten gar nicht möglich ist — nur noch insoweit, als wir darauf vertrauen, daß eine Person ihr Handeln verbal so beschreiben und begründen kann, wie es tatsächlich begründet ist — ein Vertrauen, das seit Freud weitgehend in Frage gestellt wurde.

2.3 Die Problematik des Eigenschaftsbegriffes

Die nächste methodische Grundfrage besteht darin, ob moralisches Verhalten oder moralische Einstellungen durch Eigenschaften zutreffend beschrieben werden können. Es ergeben sich dabei folgende Möglichkeiten:

a) Der adverbiale Gebrauch von Eigenschaften, z. B. „ein Proband beantwortet Fragen ehrlich".

In einer solchen Aussage wird ein Verhalten bewertet, insbesondere aber, und darin liegt die methodische Problematik, wird die Konsistenz eines Verhaltens impliziert. Die Konsistenz des Verhaltens, durch adverbiale Eigenschaftsbegriffe unterstellt, muß aber bezweifelt werden. Eigenschaften existieren nicht als konsistente Verhaltensbedingungen. Vielmehr zeigen viele Untersuchungen die Abhängigkeit von den jeweiligen situativen Komponenten. Ein Mensch ist sowohl hilfsbereit als auch nicht hilfsbereit. Entscheidend sind die jeweiligen aktuellen zwischenmenschlichen Beziehungen, die zur Verwirklichung oder Nichtverwirklichung von Hilfsbereitschaft führen. Dies bedeutet also: nicht durch Eigenschaften wird moralisches Verhalten beschrieben, sondern durch Situationen. Nicht die Kenntnis vorherrschender Eigenschaften, sondern die Kenntnis der Situation, in der sich eine Person befindet, sagt mir etwas über das moralische Verhalten eines Menschen. Wenn man auch annehmen kann, und damit vermeidet man auf leichte Art jeden Konflikt, daß eben eine Wechselwirkung zwischen Individuum und Situation gegeben sei, so bleibt doch die Frage nach der Akzentsetzung: Soll das Individuum stärker betont werden, mit der Annahme, daß dieses doch konsistente Eigenschaften hat oder soll der Akzent stärker auf den Situationen liegen unter der Annahme, daß das Individuum *durch diese* stärker gesteuert wird.

b) Die nächste Stufe eines möglichen Eigenschaftsbegriffes liegt im adjektivischen Gebrauch. Z. B.: „Eine Versuchsperson ist ehrlich."

Die hinzukommende Problematik besteht hier in der Generalisierung — bedingt nämlich eine Eigenschaft in verschiedenen Situationen ein bestimmtes Verhalten? Es wird nicht mehr nur angenommen, daß Eigenschaften konsistentes, sondern auch generelles Verhalten bewirken. Man vergleiche z. B. das Sprichwort: „Wer lügt, der stiehlt!" Dabei wird angenommen, daß die generelle Eigenschaft der Unehrlichkeit dem Verhalten des unehrlichen Individuums zugrunde liegt. Zu den Vertretern eines generellen Eigenschaftsbegriffes zählt G. W. Allport (1949). Er definiert Eigenschaften als ein verallgemeinertes System, das dem Individuum eigentümlich ist, mit der Fähigkeit, viele Reize funktionell äquivalent zu machen und konsistente Handlungen einzuführen und ihren Verlauf zu lenken.

c) Die nächste Möglichkeit, den Eigenschaftsbegriff zu gebrauchen, besteht im substantivischen Sprachgebrauch: z. B.: „Ehrlichkeit ist . . ."

Die methodische Problematik besteht hier in der Annahme der Universalität von Eigenschaften. Es ist hier zu fragen, ob jedes einzelne Individuum nach den gleichen Eigenschaften zu kennzeichnen ist wie jedes andere. Sind alle Eigenschaften bei jedem Individuum vorhanden? G. W. Allport, der die Generalität von Eigenschaften bejaht, verneint diese Universalität von Eigenschaften. Sie kennzeichnen jeweils nur ein bestimmtes Individuum. Universelle Eigenschaften — wie „Ehrlichkeit" — stellen eine Vereinfachung dar, die für wissenschaftliche Vergleiche zweckmäßig sein kann. Dann wird jedoch nur noch ein meßbarer *Aspekt* der individuellen (einmaligen) Eigenschaft erfaßt (vgl. Allport, G. W., 1949).

Der Eigenschaftsbegriff wird auch Einstellungsuntersuchungen oft zugrundegelegt. So, wenn Probanden sich selbst oder andere Personen hinsichtlich verschiedener Eigenschaften einstufen sollen (Ratingverfahren). Durch derartige Schätzverfahren werden „Eigenschaften" methodisch schnell und mit wenig Aufwand skalierbar. Man muß sich jedoch der Problematik bei der Interpretation dieser Daten bewußt sein: sollen damit konsistente, generelle und universelle Verhaltensdispositionen gemessen werden? Viele in der Literatur angeführten Experimente beziehen sich gerade auf den Nachweis, daß Eigenschaften nicht nur nicht universell, sondern nicht einmal generell sind, d. h. daß Eigenschaften bereits bei einem Individuum nicht verallgemeinerungsfähig sind und situationsabhängig variieren (vgl. C. F. Graumann, 1960).

3. Systematische Konzepte zur Entwicklung moralischen Bewußtseins und Verhaltens

3.1 S. Freud

Freuds Konzeption ist weitgehend bekannt. Das moralische Verhalten eines Individuums hängt wie jedes Verhalten von den Motiven einer Person ab. Die moralischen Motive sind die von der Umwelt, insbesondere von den Eltern durch Identifikation übernommenen Motive. Die Identifikation zählt zu den Abwehrmechanismen. Dies beinhaltet eine klare Aussage über die Entwicklung moralischen Verhaltens:

Dem subjektiven Bedürfnis nach individuellem Lustgewinn setzt die Umwelt (Eltern) Hindernisse entgegen und macht als unmoralisch geltende Bedürfnisbefriedigung unmöglich oder verbindet sie mit Strafe, vor allem durch angstauslösenden Liebesentzug. Daher werden die ursprünglich egoistischen Motive mit Hilfe der Identifikation verdrängt. Das Individuum lernt, auch quasi selbst freundlich, hilfsbereit, ehrlich sein zu wollen — aber nur deshalb, weil es durch die Umwelt gezwungen ist, dies zu lernen. Es muß auf die ursprüngliche, unmittelbare eshafte Bedürfnisbefriedigung verzichten. Allmählich treten Schuldgefühle an die Stelle der durch die Eltern ausgeübten Sanktionen. Realangst wird zu moralischer Angst (Über-Ich-Angst).

Die Entwicklung dieser moralischen Einstellungen vollzieht sich in den ersten Lebensjahren und erfährt später nur noch ihre konkrete Ausformung und Anwendung — darin unterscheidet sich die Theorie Freuds wesentlich von der anderer Autoren, die dem Jugendalter oft große Bedeutung für moralische Entwicklungen zugestehen. Die Entwicklung moralischer Einstellungen hängt nach dieser Theorie von den emotionalen Beziehungen des Kindes zu seinen Eltern und den von den Eltern angewandten Sanktionen ab. Untersuchungen zeigen, daß Tendenzen zur Reue und zum Bekennen einer Tat bei kleinen Kindern sowie zu Schuldgefühlen bei älteren Kindern von der Konsistenz der elterlichen Verhaltensweisen und von liebesorientierten Formen der Belohnung und Bestrafung abhängen.

Bei schichtenspezifischen Untersuchungen wurde gefunden, daß Mittelschichtkinder stärker zur Internalisierung von Wertvorstellungen und damit zu einer höheren Bereitschaft zu Schuldgefühlen neigen als Unterschichtkinder, da letztere stärker an die Antizipation möglicher Sanktionen in ihrem Verhalten gebunden bleiben. Diese Unterschiede werden darauf zurückgeführt, daß in Mittelschichtfamilien die disziplinierende und emotional-unterstützende Funktion bei beiden Elternteilen besser koordiniert ist. Ein nur schwach ausgeprägtes oder fehlendes Überich resultiert aus einseitig machtorientierten Kontrollformen durch die Eltern (vgl. Caesar, B., 1972).

3.2 D. P. Ausubel

D. P. Ausubel (1969) unterscheidet bei seiner Darstellung der moralischen Entwicklung den „Vorsatellitenstatus", den „Satellitenstatus" und den „Entsatellitisierungsprozeß".

Vorsatellitenstatus

Im Vorsatellitenstatus kann das Kind seine Abhängigkeit von den Eltern nicht erkennen. Bis zum Alter von 2—3

Jahren überschätzt das Kleinkind seine Willenskraft und Unabhängigkeit erheblich. Der Grund dafür liegt in einer falschen Interpretation der elterlichen Bereitwilligkeit gegenüber den Bedürfnissen und Wünschen des Kleinkindes.

Mit Beginn regelnder Erziehungsmaßnahmen (Sauberkeitserziehung, anale Phase) lernt das Kind, daß die Eltern nicht Instrumente des eigenen Willens sind. Daraus resultiert nach Ausubel eine Krise der Ich-Entwicklung. Zu ihr kommt es bei dem Erleben der Abhängigkeit des eigenen Tuns von der Unterstützung durch die elterliche Autorität.

Satellitenstatus

Die den Vorsatellitenstatus beendende Krise wird durch den Aufbau einer Satellitenbeziehung gelöst. Das Kind erwirbt dabei einen abgeleiteten Status. Aus diesem bezieht das Kind Sicherheit und Selbstbewußtsein. Voraussetzung dafür ist eine Atmosphäre der Wertschätzung, des konstanten Wohlwollens, die das Kind erlebt. Der Aufbau einer Satellitenbeziehung führt zur Abwertung der Vorstellung von Allmacht und Unabhängigkeit des eigenen Willens. Jetzt akzeptiert es eine Rolle, die Abhängigkeit und Unterordnung gegenüber den Eltern verlangt. Das Kind ist nun bereit, den Erwartungen der Eltern zu genügen und beginnt, die Wertvorstellungen der Eltern zu verinnerlichen und sich nach ihnen zu richten. Dabei ist die Tatsache, daß eine Norm von den Eltern stammt, wesentlicher als der tatsächliche Inhalt einer Wertvorstellung. Kommt es nicht zum Aufbau einer Satellitenbeziehung zu den Eltern, so richtet sich das Kind nur aus Zweckmäßigkeitsgründen nach den Wünschen der Eltern. Wohl wird es empfänglich sein für die Einflußnahme der Eltern, jedoch nur, weil es deren größere Kompetenz erkennt, nicht weil es den Wunsch hat, bedingungslos die Werturteile der Eltern zu internalisieren. Zur Motivation moralischen Verhaltens wird daher auch nicht die Tendenz, Schuldgefühle zu vermeiden, sondern die Furcht vor Entbehrungen und dem Verlust der elterlichen Unterstützung.

Wesentliche Lernaufgaben moralischer Entwicklung in der mittleren Kindheit sind somit:

— der Erwerb von normgerechten Verhaltensweisen;
— die Aufgabe der Vorstellung von der Allmacht des eigenen Willens und Unterordnung unter eine Autorität im Sinne eines abgeleiteten Status;
— die zunehmende Internalisierung von Wertvorstellungen, so daß sie auch bei Abwesenheit der Eltern gültig und wirksam bleiben.

Entsatellitisierungsprozeß

Der abgeleitete Status des abhängigen Kindes im Elternhaus wird beendet, wenn es beginnt, einen primären, auf eigene Leistung gegründeten Status in der Gruppe seiner Altersgenossen und in der Schule zu erwerben. Kennzeichen eines primären Status ist, daß das Kind nicht um seiner selbst willen geschätzt wird, sondern aufgrund seiner Leistung und seines sozialen Ansehens in der Gruppe seiner Altersgefährten. Entsatellitisierungsprozeß nennt Ausubel das Lernen zunehmender Unabhängigkeit des eigenen Willens, ein Prozeß, der sich bis in das Jugendalter hinein erstreckt. Die Altersgenossen treten an die Stelle der Eltern als bevorzugte Instanz der Sozialisierung. Sie befriedigen das Bedürfnis des Kindes nach sozial anerkanntem Status.

Nun erwächst die Motivation, moralische Werte zu akzeptieren, nicht mehr aus der Loyalität gegenüber den Eltern, sondern aus einer kritischen Prüfung gegebener Werte. Die Kontinuität der Moralstruktur wird gewahrt durch die Tendenz der Gruppe der Altersgenossen, sich an die grundlegenden Wertvorstellungen der sozialen Schicht, in der sie leben, zu halten.

Um dem Wunsch nach Eigenständigkeit gerecht zu werden, ist es nicht nötig, die im Satellitenstatus gelernten Verhaltensweisen rigoros abzulehnen. Es genügt, akzeptable Gründe für die Beibehaltung solcher Normen zu fin-

den. Die entscheidende Lernhilfe für den Jugendlichen
wird sich also auf die Unterstützung seines Bemühens um
Analyse und Reflexion moralischer Wertsysteme erstrek-
ken müssen. Nicht angemessen ist der Versuch, einen Katalog von Regeln als fraglos gültig anzubieten (Ausubel,
D. P., 1968).

3.3 J. Piaget

Die Untersuchungen J. Piagets (1954) erfolgten auf empirischer Grundlage, wenn auch ohne repräsentative Stichprobe hinsichtlich der Schichtenzugehörigkeiten.
Piaget unterscheidet zwei Typen der Moral, die als Stadien aufeinanderfolgen. Das erste Stadium resultiert aus
dem Zwang des Erwachsenen und führt zur heteronomen
Moral in der Form eines moralischen Realismus. Das
zweite Stadium führt zur Autonomie durch die Erfahrungen der sozialen Zusammenarbeit. Zwischen beiden Stadien liegt eine Zeit der Verinnerlichung gelernter Regeln.
Im einzelnen beschreibt Piaget die Einstellungsentwick-
lung der Kinder und Jugendlichen zum Problem der Absicht einer Handlung, der Auffassung von Strafe und der
Bedeutung des Begriffs der Gerechtigkeit.

Das methodische Vorgehen kann an folgendem Beispiel demonstriert werden (Piaget, J., 1954, S. 286): Den Kindern
wurde eine kleine Geschichte vorgelegt, die ein moralisches
Problem enthält. Die von den Kindern gegebenen Antworten
dienten Piaget als empirisches Material seiner theoretischen
Analyse. Vorstellungen einer „immanenten Gerechtigkeit"
konnten durch folgende Geschichte ermittelt werden: Zwei
Kinder stehlen Äpfel. Eines wird erwischt, das zweite fällt
beim Fluchtversuch von der Brücke ins Wasser. Ist dieser
Sturz eine Strafe für den Diebstahl (immanente Gerechtigkeit)? Diese Frage bejahten 86% der 6jährigen, 73% der 7-
und 8jährigen, 54% der 9- und 10jährigen sowie 34% der 11-
und 12jährigen. Aus der Verteilung der Antworten wird die
mit dem Alter zunehmende Unterscheidung zwischen einem
Mißgeschick oder Unfall und einer Strafe ersichtlich.

Erste Stufe: Moralischer Realismus und heteronome Moral

Das Verhalten des Kindes orientiert sich an Regeln, die als objektiv, unveränderlich in der Realität gegeben, angesehen werden. Es herrscht die Neigung, dem Buchstaben einer Regel größeres Gewicht beizumessen als der Absicht, die dahinter steht. Normen sind Teil der Wirklichkeit, sie werden weder geliebt noch gehaßt, sind wertneutraler Bestandteil des kindlichen Weltbildes.

Piaget untersuchte das Regelbewußtsein, indem er Kindern Fragen folgender Art vorlegte: Könnte man auch neue Regeln erfinden? Wäre eine neue Regel eine wirkliche Regel? Auf der Stufe der heteronomen Moral hängt die Gültigkeit der Regeln von den Erwachsenen ab. Normen, die das Kind vorfindet, werden als von den Erwachsenen kommend betrachtet und besitzen insoweit unantastbare Gültigkeit. Jede Regeländerung wird als Vergehen betrachtet, als eine schlechte Tat, die die erwünschte Liebesbeziehung zu den Eltern gefährdet. Im Falle einer Übertretung entwickelt das Kind Formen der Wiedergutmachung, wie Sühne und Bekenntnis. Auch Piaget sieht, wie Ausubel, in der festen Bindung an die Autorität der Eltern das Bedürfnis des Kindes nach Halt und Sicherheit erfüllt. Zu echten Entscheidungen im Falle einer Pflichtenkollision ist das Kind nicht fähig. Es benötigt die autoritativ gesteuerte Ordnung und Eindeutigkeit. Somit kann die heteronome Moral auch als nötigende Moral (Zwangsmoral) gekennzeichnet werden, die Befolgung der Regeln erfordert keine freie Entscheidung. Der Begriff der Strafe beinhaltet eine Vorstellung von Sühne, die darin besteht, die Autorität der Erwachsenen uneingeschränkt wiederherzustellen — der Gesichtspunkt der Angemessenheit hinsichtlich der Tat selbst wird noch nicht in Betracht gezogen.

In der Zeit der Vorpubertät kommt es zu einer Lockerung der autoritativen Bindungen und damit zu einer Verunsicherung der normativen Steuerung. Sie wird aufgefangen durch die Tendenz, sich kollektiven Ehr- und Rechtsbegriffen einer Bezugsgruppe zu unterwerfen, so daß dann etwa Diebstahl als eine Art Sport geübt und durch die Gruppenmoral als gedeckt erlebt werden kann. Gleichzeitig aber finden durch den Umgang mit einer altersgleichen Bezugsgruppe Lernprozesse statt, die zu der Stufe der autonomen Moral hinführen. Aus den Erfahrungen des Zusammenlebens mit Gleichaltrigen und damit Gleichberechtigten entsteht das Bewußtsein gegenseitiger Verantwortung und die Verpflichtung gegenüber selbstgesetzten Regelordnungen. Während Piaget, vergleichbar seiner Stufenentwicklung der Intelligenz auch bei der moralischen Entwicklung deutlich den Akzent auf den Reifungs- gegenüber dem Prägungsaspekt legt, räumt er den sozialen Erfahrungen mit Gleichaltrigen beim Übergang von der heteronomen zur autonomen Moral eine zentrale Bedeutung ein. „Einzig und allein die Zusammenarbeit führt zur Autonomie" (Piaget, J., 1954, S. 459). Piaget nimmt als Effekt eine zunehmende Liberalisierung (Demokratisierung) des moralischen Urteils in Abhängigkeit von den sozialen Interaktionsprozessen in der Gruppe an. In neueren Untersuchungen, wie der von Kohlberg (siehe unten) wird allerdings stärker auf die differenzierte kognitive Erfassung der Umwelt als Ursache hingewiesen und die unmittelbare soziale Umgebung geringer eingestuft.

Zweite Stufe: Autonome Moral

Kennzeichen einer autonomen Moral ist das Prinzip der Gegenseitigkeit, aus dem Regeln abgeleitet werden. Autonome Moral fußt auf Zusammenarbeit (Solidaritätsmoral).
Der Gerechtigkeitsbegriff differenziert sich in zwei Formen: eine „vergeltende Gerechtigkeit", die unter dem Gesichtspunkt der Angemessenheit von Tat und Folge (Belohnung oder Bestrafung) steht sowie eine „verteilende Gerechtigkeit", die sich auf die Verteilung eines Gutes (materieller oder ideeller Art, wie z. B. Geschenke oder Wohlwollen) auf mehrere Personen nach Kriterien der

Billigkeit und Gleichheit bezieht. Moralische Verhaltens-regeln werden befolgt, weil sie einen wünschenswerten Standard menschlichen Zusammenlebens sichern. Sie bedürfen nicht mehr der Aufrechterhaltung durch Autoritätspersonen. Werte sind verinnerlicht, das Individuum erlebt sich an sie verpflichtend gebunden und erlebt einen Verstoß als Verletzung freiwillig übernommener Normen und nicht (nur) als Widerspruch gegenüber Autoritätspersonen. Daher wird es dem Individuum auch möglich, Normen selbst abzuleiten und auf konkrete Situationen hin zu interpretieren und zu variieren. So kann sich der einzelne situationsgerecht verhalten. Er muß Prinzipien nicht starr anwenden, welche Folgen auch immer daraus resultieren, sondern er vermag sie zu relativieren im Hinblick auf die jeweiligen psychologischen und situativen Komponenten.

Die Theorie Piagets ist erstens gekennzeichnet durch die starke Gewichtung der kognitiven Komponente und bietet eine wesentliche Ergänzung seiner Stufenlehre der Intelligenzentwicklung. Für die umfassendere Bewertung moralischen Bewußtseins stellt das „moralische Urteil" nur einen Teilaspekt dar. Die emotionale Komponente muß hinzugesehen werden, wie dies bei dem tiefenpsychologischen Ansatz geschieht. Zweitens nimmt Piaget einen gesetzmäßigen, weitgehend reifungsbedingten Verlauf der moralischen Entwicklung an. Andere Autoren (siehe unten L. J. Cronbach) wollen dagegen ihr Schema wesentlich flexibler verstanden wissen und räumen den sozialen Umweltbedingungen breiteren Raum ein.

Zwischenbemerkung

Der Diskussion der folgenden Autoren müssen einige Hinweise vorangehen. Gegenüber den Erkenntnissen von Freud und Piaget finden wir auch in den neueren Forschungsergebnissen keine Aussagen, die inhaltlich prinzipiell neuartig wären. Vielmehr gewinnen sie ihre wissenschaftlich bedeutsame Stellung durch den Versuch, Daten über die moralische Entwicklung methodisch gesichert und den gegenwärtigen wissenschaftlichen Ansprüchen angemessen, zu sammeln. Es wäre eine Fehlinterpretation, zu unterstellen, daß die empirisch orientierte Literatur Bekanntes lediglich in neuen Vokabeln anbietet und bereits vorhandene Einsichten unproduktiv nachformuliert. Der eigentliche Erkenntnisfortschritt liegt in dem konsequenten methodischen Anspruch, alle Theorien einer empirischen Verifizierung zu unterwerfen. Daher wird bei der Darstellung der Untersuchungen von R. F. Peck und R. J. Havighurst die Datengewinnung näher beschrieben, um die Art des empirischen Vorgehens deutlich zu machen. Bei der Darlegung der Ergebnisse von L. Kohlberg wird auf die von ihm erstellte Meßskala moralischer Entwicklung eingegangen, um an diesem Beispiel eine begriffliche Operationalisierung des Konstrukts „moralisches Verhalten" anzubieten.

Dem Leser werden bei der Lektüre gelegentlich Zweifel an der Eindeutigkeit (Objektivität) und Gültigkeit (Validität) dieser ersten experimentellen und statistischen Bemühungen kommen. Er wird versucht sein, z. B. auf die tiefenpsychologischen Konzeptionen zurückzugreifen, die theoretisch geschlossener sind. Bei einem Vergleich mit der Erörterung der methodischen Ansprüche und Probleme (vgl. 2. Methodische Gesichtspunkte) und den bisher vorliegenden empirischen Ergebnissen wird es auffallen, daß diese an experimenteller Strenge (exakte Kontrolle aller möglichen Einflußquellen) hinter den gestellten Zielen zurückbleiben. Es liegt jedoch in dieser Feststellung keine Abwertung der neueren Forschungen, sondern sie soll vielmehr die Intention, aber auch die Schwierigkeiten des modernen empirisch orientierten wissenschaftlichen Denkens beleuchten. Bei einer sinnvollen Interpretation moderner Forschung muß man dies mitbedenken.

Grundlage der folgenden Untersuchungen sind Tests und Fragebogen. Forschungen im engeren experimentellen Sinne, also mit systematischer Kontrolle und Variation der Versuchsbedingungen, seien nur kurz gestreift, da sie sich jeweils auf sehr spezifische Fragestellungen beziehen. Sehr bekannt wurde eine Untersuchungsreihe von H. Hartshorne und M. May (1928). Die Autoren gaben Kindern Gelegenheit zu „unehrlichen Verhaltensweisen" in einer Situation, in der sich die Versuchspersonen unbeobachtet glaubten. Es zeigt sich, daß „Unehrlichkeit" situationsabhängig ist — das Experiment stellt daher ein empirisch belegtes Gegenargument zur Hypothese genereller Eigenschaften dar. (Eine kritische Analyse dieses Experiments siehe G. W. Allport, 1949, eine Diskussion des Versuchsplanes siehe R. E. Grinder, 1961.) Bei solchen Untersuchungen wird im allgemeinen Konformität als Kriterium für moralisches Verhalten gewählt. Dies stellt gegenüber Definitionen von Moral, bei denen die Absicht einer Person als wesentliches Merkmal miteinbezogen wird, eine Begriffsverengung dar. Ähnliches gilt für die Bemühungen, tiefenpsychologische Konzepte empirisch zu verifizieren. Es ist nicht möglich, das „Überich" im Sinne Freuds — das System der von anderen Personen übernommenen Motive — so zu operationalisieren, daß es experimentell oder durch Tests erfaßt werden könnte. Es gibt nur indirekte Ansatzpunkte, empirische Belege für die tiefenpsychologische Theorie zu finden, z. B. durch projektive Tests (Dokumentation von Schuld- und Reuegefühlen bei Geschichten, die Probanden produzieren) oder kulturanthropologische Untersuchungen (z. B. elterliche Verhaltensweisen und moralische Reaktionen in verschiedenen Kulturen).

Gegenüber den Bemühungen um die Formulierung und Beantwortung spezifizierter Hypothesen unter experimentellen Bedingungen, geht es im folgenden darum, durch empirische Erhebungen einen Überblick über die tatsächliche Entwicklung moralischen Verhaltens zu gewinnen und in ein theoretisches Konzept einzubauen.

3.4 R. F. Peck und R. J. Havighurst

R. F. Peck und R. J. Havighurst (1964, zusammengefaßt in P. Klose, 1970) stellen eine empirisch untermauerte Theorie des Charakters und der charakterlichen Entwicklung auf. Unter Charakter werden weitgehend beständige (konsistente) Verhaltensmuster des Menschen verstanden, deren Hauptdeterminanten „innere Kräfte" wie Motive, Emotionen oder Einstellungen sind. Die Konsistenz, Generalität und Universalität der Charakterstruktur wird von den Autoren also bejaht.

Sie untersuchten 120 Kinder einer Stadt in den USA (Pseudonym Prairie City) des Jahrgangs 1933 von 1942 bis 1950, also im Alter von 10 bis 17 Jahren. Die Hauptuntersuchung fand jeweils einmal im Jahr statt. Die Erhebungsdaten bestanden in Intelligenztests, Leistungstests, projektiven Tests, soziometrischen Tests, Fragebogen und Interviews. Zusätzlich wurden jeweils im Alter von 10, 14 und 17 Jahren Verhaltens- und Charakterbeurteilungen der Versuchspersonen durch die Lehrer im Ratingverfahren erhoben. (Ratings sind Schätzverfahren, bei denen den Beurteilern Skalen vorgegeben werden, auf denen der zutreffende Skalenpunkt angekreuzt werden muß.) Ergänzt wurden die Erhebungen psychologischer Daten durch eine 17malige Untersuchung der körperlichen Entwicklung und des allgemeinen Gesundheitszustandes. In die empirische Studie sind daher Variablen moralischen Verhaltens (z. B. durch die Charakterbeurteilungen, Interviews), Persönlichkeitsaspekte und soziale Stellung in der Gruppe eingegangen. Die Beziehungen zwischen diesen und Veränderungen im Untersuchungszeitraum festzustellen war das Ziel der statistischen Auswertung.

Nicht erfaßt sind die Analyse der Beweggründe des Verhaltens, insbesondere die unter moralischem Aspekt interessierende Absicht einer Verhaltensweise. Die Autoren versuchten sich auch diesem Problem zu stellen, allerdings bedienten sie sich dabei der in der Beweiskraft schwachen Einzelfallstudie. Sie untersuchten 1966 34 Kinder, wobei durch eine Gruppe von 10 Forschern jeder Proband gründlich analysiert wurde.

Begleitend zu diesen Untersuchungen wurden weiterhin die Familien der Probanden (Erziehungsverhalten) untersucht und mit in die Analyse einbezogen.

Bei der Auswertung und Interpretation ihrer Ergebnisse entwickelten die Autoren ein System, das einem zweifachen Anspruch gerecht werden soll:

Einerseits soll die Typologie den entwicklungspsychologischen Aspekt berücksichtigen, also Stufen der moralischen Entwicklung darstellen, andererseits soll jede Stufe einen möglichen Charaktertyp repräsentieren, also dem persönlichkeitspsychologischen Aspekt Rechnung tragen. Entsprechend ist die folgende Tabelle zu lesen: Erstens als fünf aufeinanderfolgende Stufen der Entwicklung, wobei die menschliche Reife in moralischer Hinsicht jeweils zunimmt; zweitens als Persönlichkeitstypen. Dabei nehmen die Autoren an, daß das unterschiedliche Verhalten Erwachsener in Analogie zum kindlichen Verhalten auf verschiedenen Entwicklungsstufen beschrieben werden kann.

Charaktertyp (basic character)	*Entwicklungsstufe*
Amoralischer Typ (Amoral)	Kleinstkinder, 1. Lj. (Infancy)
Eigennütziger Typ (Expedient)	Frühe Kindheit (Early childhood)
Konformistischer Typ (Conforming)	Späte Kindheit (Later childhood)
Irrational-gewissenhafter Typ (Irrational-Conscientious)	
Rational-altruistischer Typ (Rational-altruistic)	Jugendzeit und Erwachsenenalter (Adolescence and Adulthood)

Beschreibung der Typen:

Der amoralische Typ: Personen dieses Typs folgen ihren Launen und Trieben, ohne sich die Folgen für andere Menschen zu überlegen. Sie sind unzuverlässig, schwankend und betrachten sich als den „Mittelpunkt der Welt".
Kinder im 1. Lebensjahr zeigen dieses Verhalten. Erwachsene, die diesem Typ angehören, haben nicht gelernt, Verbote und Sanktionen anzunehmen.

Der eigennützige Typ: Dieser Typ ist egozentrisch und nur insoweit am Wohlergehen anderer interessiert, als es persönlichen Vorteilen dient. Er verhält sich solange moralisch, solange er damit seine Ziele erreichen kann.

Sehr junge Kinder zeigen ein solches Verhaltensmuster. Sie benehmen sich nur dann korrekt, wenn Erwachsene dabei sind.

Der konformistische Typ: Personen dieses Typs richten sich in ihrem Verhalten nach anderen Menschen und tun, was diese sagen oder tun. Nach Übertretung moralischer Normen fühlt sich der Konformist nur deshalb beunruhigt, weil er Sanktionen fürchtet. In der mittleren und späten Kindheit ist ein solches Verhalten sichtbar.

Der irrational-gewissenhafte Typ: Dieser Typ hält sich blindlings an einen Normenkodex. Wenn er etwas für richtig hält, führt er es aus, auch wenn andere es mißbilligen oder Nachteile dadurch haben. Er empfindet Schuld, wenn er seine eigenen moralischen Prinzipien nicht einhält.

Der irrational-gewissenhafte Typ ist der Alternativtyp zum konformistischen Typ. Beide stehen auf der gleichen Stufe charakterlicher Reife.

Der rational-altruistische Typ: Dieser Typ besitzt die höchste moralische Reife. Personen dieses Typs haben stabile moralische Prinzipien, die sie aber flexibel und situationsgemäß anwenden.

Die Autoren fanden in zweifacher Hinsicht bei dem Verhalten der Kinder im Alter von 10 bis 17 Jahren Konsistenz. Einmal behielten die Kinder vergleichbare Motivationen ihrer Verhaltensweisen bei, die sie bis zum Alter von 10 Jahren erworben hatten. Zum anderen blieben die relativen Positionen der Verhaltensweisen unter den Kindern (über- bzw. unterdurchschnittliche Leistungen, verglichen mit dem Durchschnitt der entsprechenden Altersgruppe) weitgehend konstant. Daraus ergibt sich bereits im Alter von 10 Jahren eine gute Vorhersagbarkeit moralischen Verhaltens. In ihrem theoretischen Ansatz nehmen die Autoren an, daß sich die fünf Charaktertypen auf einem Kontinuum der psychischen und moralischen Reife befinden. Jeder Mensch entwickelt sich von Anfang an auf einen der fünf Charaktertypen hin. Die wichtigste Variable der Charakterentwicklung ist das Familienleben.

Peck und Havighurst fanden folgende Zusammenhänge zwischen der Familienatmosphäre und der Persönlichkeit des Kindes:

Spontaneität und Ich-Stärke scheinen von einer milden, demokratischen Familienatmosphäre begünstigt zu sein.

Freundlichkeit spiegelt entsprechende Erfahrungen in der Familie wider.

Feindseligkeit entsteht bei strengen und lieblosen Eltern.

Überich-Stärke bei beständigem, festem Familienleben.

Zum Vergleich sei die Beschreibung der Familien eigennütziger Kinder und rational-altruistischer Kinder gegenübergestellt:

Die Eltern der „eigennützigen" Kinder gewähren dem Kind völlige Freiheit (Laissez-faire-Stil). Sie sind nachsichtig in Disziplinfragen und inkonsequent in ihren moralischen Verhaltensweisen. Das Kind lernt keine klaren Unterschiede zwischen richtigen und falschen Verhaltensweisen kennen.

In den Familien „altruistischer" Kinder herrscht gegenseitiges Vertrauen. Die Kinder dürfen an Familienentscheidungen teilnehmen. Erziehungsmaßnahmen der Eltern sind situationsbezogen und der Führungsstil ist demokratisch.

Weitere Einflüsse auf die Charakterentwicklung, insbesondere solche der Schule und der Gruppe der gleichaltrigen Kameraden werden selegiert im Sinne der früheren Lerngeschichte in der Familie, d. h. Einflüsse dieser Art werden verstärkend, nicht verändernd wirken.

3.5 L. J. Cronbach

L. J. Cronbach (1971) unterscheidet fünf *Stufen der Charakterentwicklung,* die den Typen von Peck/Havighurst völlig entsprechen.

a) Ein Individuum verhält sich *amoralisch,* wenn es die guten oder schlechten Auswirkungen seiner Entscheidungen auf andere Menschen nicht erkennt.

b) Eine *ich-zentrierte Handlung* ist eine Handlung, bei der das Individuum tut, was es selbst will und andere nur berücksichtigt, um seine Ziele zu erreichen.

c) Eine *konformistische Handlung* ist eine Handlung, bei der das Individuum das tut, was die Bezugsgruppe gewöhnlich tut, ohne zu überlegen, ob es gut oder schlecht ist.

d) Von einem *irrationalen Gewissen* wird ein Verhalten bestimmt, wenn das Individuum einer Regel für gutes Verhalten folgt, an die es fest glaubt und daraus starre Verhaltensweisen ohne Berücksichtigung situativer Variablen ableitet.

e) Bei *rationalem, altruistischem Verhalten* schreibt das Gewissen ein Ziel anstelle einer Regel für das Verhalten vor. Daher wird das Individuum situationsangemessene Wege einschlagen und flexible Verhaltensweisen mit Festigkeit in seinen moralischen Zielvorstellungen vereinbaren können.

Die Entwicklung des Charakters folgt der genannten Reihenfolge nur annähernd. Einige moralische Urteile sind schon beim Sechsjährigen rational. Ein Individuum kann sich zu einem rationalen Stadium hin entwickeln, ohne das Stadium des irrationalen Gewissens zu durchlaufen. Jeder Mensch zeigt in seinem Verhalten Handlungsweisen, die jeder der genannten Stufen entsprechen, lediglich eine dominierende, am stärksten ausgeprägte Stufe kann und wird sich normalerweise herausentwickeln (vgl. Cronbach, L. J., 1971).

3.6 L. Kohlberg

L. Kohlberg (1963a, 1964) diskutiert seine Ergebnisse im Hinblick auf die Theorie Piagets, die er bestätigt, in einzelnen Punkten aber auch modifiziert. Sechs allgemeine Aspekte verwendet Kohlberg in Übereinstimmung mit

Piaget zur inhaltlichen begrifflichen Bestimmung des moralischen Bewußtseins:

Erstens: Berücksichtigung der Intentionalität beim moralischen Urteil gegenüber der Betrachtung der Konsequenzen eines Verhaltens.

Zweitens: Berücksichtigung der Relativität von Urteilen im Gegensatz zu der einseitigen Alternative: ein Verhalten ist entweder gut oder schlecht.

Drittens: Unabhängigkeit des Urteils von Sanktionen.

Viertens: Die Gegenseitigkeit als Beurteilungsgrundlage moralischen Verhaltens.

Fünftens: Verständnis für Strafe als Sühne.

Sechstens: Unterscheidungsfähigkeit zwischen Mißgeschick und Strafe. (Kleine Kinder nennen einen Stein, über den sie fallen, böse, und sie sind bereit, den Sturz als Strafe aufzufassen.)

Diese sechs Aspekte werden mit dem Alter zunehmend ausgebildet. Sie haben Beziehungen zur sozialen Schichtzugehörigkeit, zur Religion und zu den konkreten Lebenssituationen, in denen ein Kind aufwächst. Ihre Zunahme hängt mit dem Alter ebenso wie mit dem IQ zusammen.

Einige weitere Gesichtspunkte der Theorie J. Piagets glaubt L. Kohlberg jedoch ablehnen zu müssen: Sie beziehen sich auf die sozialemotionalen Grundlagen der moralischen Entwicklung. J. Piaget postuliert eine generelle Entwicklung des Urteils von einer autoritären zu einer demokratischen Ethik. Die wesentliche Voraussetzung für diesen Übergang sieht J. Piaget in gruppendynamischen Lernprozessen, die zu gegenseitiger Achtung zwischen altersgleichen Personen führen. Nach Ansicht L. Kohlbergs haben jedoch die verschiedenen Arten der Gruppenzugehörigkeit des Kindes keinen nachhaltigen Einfluß auf die moralische Entwicklung.

Kinder, die beispielsweise in einem israelischen Kibbuz in einer Gemeinschaftsgruppe aufgewachsen sind, zeigen sich nicht stärker intentional orientiert als entsprechende israelische Kinder, die in konventionellen Familien aufgewachsen sind.

Kohlberg führte seine empirischen Untersuchungen an einer Stichprobe von 72 Versuchspersonen aus Chicago von 10, 13 und 16 Jahren durch. Die Versuchsgruppe war hinsichtlich ihres Intelligenzquotienten vergleichbar und stammte je zur Hälfte aus der oberen bzw. aus der unteren Mittelklasse. Ergänzende Untersuchungen nahm er an einer Gruppe von 24 Delinquenten im Alter von 16 Jahren sowie an weiteren Vergleichsgruppen vor.

Die Datenaufnahme bestand jeweils in zweistündigen Interviews, die ihrer Anlage nach vom Vorgehen J. Piagets bestimmt waren. Die Versuchspersonen mußten also auf hypothetische Entscheidungssituationen (hypothetical moral dilemmas) antworten.

Daraus leitete L. Kohlberg eine Stufenfolge moralischer Entwicklung ab, die differenzierter gegliedert ist als die Piagets. Sie umfaßt drei Ebenen mit je zwei Stufen:

I. Vormoralische Ebene:

1. Stufe: Strafe und Gehorsam regulieren das Verhalten.
2. Stufe: Konformes Verhalten um der Belohnung willen.

II. Konventionelle, regelkonforme Ebene:

3. Stufe: „Good-boy-Moral". Der „brave Junge" orientiert sich an den Normen und Rollen seines familienbezogenen Erfahrungsbereiches. Er hofft, Anerkennung durch sein Einordnen in das Familienleben zu finden.
4. Stufe: Anerkennung durch legitimierte Autoritätspersonen wird gesucht. Der Fortschritt dieser Stufe zeigt sich in Vorstellungen von sozialer Ordnung, die über die subjektiven Erfahrungen im Familienbereich hinausgehen. Autoritätspersonen werden durch ihren beruflichen Status als legitimiert anerkannt.

III. Ebene selbstakzeptierter moralischer Prinzipien:

5. Stufe: Vereinbarung von Regeln auf Gegenseitigkeit.
6. Stufe: Individuelle Gewissensentscheidungen aufgrund allgemeingültiger Prinzipien.

Im Alter von 7 bis 16 Jahren nimmt die Auftretenshäufigkeit der 1. und 2. Stufe deutlich ab (von ca. 70% zu 10% der Antworten im Sinne dieser Stufen, siehe grafische Darstellung, Kohlberg, L., 1963a, S. 16).

Stufe 3 und 4 nimmt zu und stabilisiert sich im Alter von 13 Jahren (mit einem Anteil von ca. 30% entsprechender Antworten). Die letzten beiden Stufen prägen sich im Alter von 10 bis 16 Jahren aus (ca. 15% der Antworten im Sinne dieser Stufen bei 16jährigen).

Die inhaltliche Kennzeichnung der Stufen weicht von den bereits geschilderten ähnlichen Einteilungen nicht wesentlich ab. Die Ebene I ist vergleichbar mit der heteronomen Moral bei Piaget. Kohlberg betont, daß die Kennzeichnung dieser Stufen psychologisch sinnvoller in Termini der Belohnungserwartung und Strafvermeidung erfolgt, nicht als Bindung an die „geheiligte Weltordnung" der Erwachsenen (heteronome Moral). Die Verhaltensregulierungen auf der zweiten Ebene erfolgen durch die Antizipation der sozialen Folgen. Soziale Achtung oder Verachtung wirken zwar bereits auf früheren Stufen verhaltensregulierend, doch wird erst jetzt ein bestimmter, dem Individuum erwünschter sozialer Status gezielt angestrebt. Auf der Stufe 3 dieser Ebene resultiert die Motivation aus den emotionalen Beziehungen der familiären Umgebung, die Stufe 4 impliziert die Anerkenntnis eines Regelsystems, das auch unabhängig von familiären Einflüssen wirkt. Das entscheidende Merkmal der III. Ebene ist die Fähigkeit, Konflikte zwischen Normen durch eine rationale Entscheidung zu lösen (vgl. Morris, J. F., 1971).

Kohlbergs besonderes Verdienst ist es, sein Entwicklungsmodell durch eine umfangreiche Testbatterie operationalisiert und damit diagnostisch zugänglich gemacht zu haben. Zur Definition jedes der sechs allgemeinen Typen moralischer Wertorientierung dient eine Meßskala mit 30 (Kohlberg, 1963a), später 32 (Kohlberg, 1964) Dimensionen der Moral: z. B. Motivation zu moralischem Handeln, Allgemeinheit des moralischen Urteils, Konzeption von menschlichen Rechten u. a. Jeder Aspekt ist in eine sechsstufige Skala von Möglichkeiten der Kategorisierung von Antworten auf Problemfragen gegliedert, die jeweils den sechs Typen der Moral entsprechen.

Als Beispiel sei hier der motivationale Aspekt der Moralität erwähnt, der durch folgende Skala definiert wird: 1. Bestrafung durch andere, 2. Belohnung durch andere, 3. Mißgunst durch andere, 4. Kritik durch legitimierte Autoritätspersonen, 5. Gegenseitige Rücksichtnahme oder Rücksichtslosigkeit, 6. Selbststeuerung.

Dabei wird 1. und 2. im Anschluß an McDougall als eine Ebene erläutert, in der die instinktiven Impulse modifiziert werden durch den Einfluß von Belohnung und Bestrafung. 3. und 4. wird zusammenfassend als Ebene gekennzeichnet, in der das Verhalten durch Antizipation sozialer Achtung oder Verachtung kontrolliert wird. Bei 5. und 6. befindet sich die Person auf einer Ebene, die es ihr ermöglicht, sich unabhängig von zufälligen Einflüssen der sozialen Umgebung richtig zu verhalten.

Ein Beispiel für die Skala des kognitiven Aspektes der Moral: 1. Keine realistische Konzeption von dem, was richtig ist, 2. das Recht ist Besitzrecht oder Recht des Stärkeren, 3. ebenfalls das Recht des Stärkeren, jedoch qualifiziert durch die Einschränkung, daß es kein Recht gibt, Böses zu tun, 4. Einsicht, daß das Recht ein Anspruch ist, eine legitime Erwartung; z. B., daß es eine legitime Erwartung ist, für Arbeit bezahlt zu werden, 5. eine Konzeption universaler, individueller oder humaner Rechte, 6. ein Bewußtsein der Achtung vor individuellem Leben und der Persönlichkeit des anderen.

Die Skala von 30 (bzw. 32) Dimensionen mit je 6 Meßpunkten pro Dimension wurde verwandt, um Probanden zu klassifizieren und ihnen damit einen Wert auf der Skala moralischer Entwicklung zuzuordnen. Über mehrere Jahre hinweg wurden Probanden mit diesem Meßsystem untersucht und Kurven ihrer Entwicklung aufgestellt. Dabei ergab sich, daß reifere Arten des Urteilens, nämlich die Typen 4 bis 6 in den Jahren von 10 bis 16 zunahmen, weniger reife Formen, nämlich die Typen 1 bis 2 abnahmen. Im Vergleich dazu fanden Peck/Havighurst eine größere Konsistenz in diesen Altersgruppen.

Die Annahme, daß es sich bei der moralischen Entwicklung prinzipiell um Phasenfolgen handelt, daß also das Erreichen der höheren Stufe nur möglich ist, wenn die niedrigere Stufe durchlaufen ist, wurde statistisch überprüft. Die Struktur der Interkorrelationen der Meßskalen mit verschiedenen Altersgruppen scheint diese Annahme zu bestätigen — im Gegensatz zu der Auffassung von Cronbach, der ein solches Phasenmodell nicht für richtig hält. Nach Kohlberg verläuft die Entwicklung also nach festen Regeln — einer bestimmten Stufenabfolge. Äußere Einflüsse, wie Erziehung, müssen diese Entwicklungsstufen berücksichtigen, einfache sprachliche Unterweisung oder erzwungene Anpassung an kulturelle Regeln sind ohne Berücksichtigung der vorgegebenen moralischen Entwicklungsabfolge wirkungslos.

4. Psychologische Schlußfolgerungen

a) Moralische Vorstellungen entwickeln sich von spezifischen zu allgemeinen Vorstellungen. Zunächst erlebt das Kind die Bindung an die Mutter als sozialen Wert und erst im Laufe der weiteren Lerngeschichte die sozialen Bindungen selbst als wertvoll.

b) Beim Erlernen moralischer Normen tauchen in der kindlichen Entwicklung typische Schwierigkeiten auf: Für Kinder mit unterdurchschnittlicher oder mangelnder Intelligenz bestehen Schwierigkeiten, die moralischen Regeln einer Gruppe zu erfassen und zu erlernen bzw. richtig anzuwenden. Auch wird in der Erziehung des Kindes häufig klarer definiert, welche Verhaltensweisen falsch sind und weniger explizit bewußt gemacht, welche Verhaltensweisen richtig sind. Für das Kind besteht daher oft eine erhebliche Unsicherheit in bezug auf die Möglichkeiten richtigen Verhaltens. Das schränkt die aktive Auseinandersetzung mit moralischen Problemen der Umwelt ein.

Die differenzierte situationsgebundene Anwendung von Normen stellt an das Kind allgemein hohe Anforderungen. Der erforderliche Lernprozeß wird erschwert, wenn beide Elternteile moralische Normen unterschiedlich anwenden. Das Kind gerät in Verwirrung, solange es noch nicht in der Lage ist, solche Unterschiede aus dem situations- oder persönlichkeitsspezifischen Kontext heraus zu interpretieren.

Schließlich kann sozialer Druck störend oder komplizierend auf den moralischen Lernprozeß einwirken. Das ist z. B. der Fall, wenn ein Kind gelernt hat, es sei falsch, ein anderes Kind zu schlagen, dann aber als Folge erleben muß, daß es in der Gruppe seiner Spielkameraden als Schwächling angesehen wird (vgl. Hurlock, E. B. 1970).

c) Die moralische Entwicklung ist ein Wechselwirkungsprozeß von Reifung und Prägung. Sie läuft nicht biomechanisch gesichert ab, kann aber auch nicht beliebig durch Umwelteinflüsse andressiert werden. Ziel moralischer Entwicklung ist ein Stadium autonomer Moral, in dem Normen vom Individuum aus allgemeinen Prinzipien selbständig abgeleitet werden können und deren Anwendung auch ohne äußere Sanktionen gesichert ist. Zur Förderung der moralischen Entwicklung bedarf das Kind kognitiver Unterstützung, um zunehmend differenziertere Unterscheidungen zwischen gut und böse oder richtig und falsch treffen zu können. Die Realisierung als richtig erkannter Verhaltensweisen — der aktionale Aspekt — muß durch Einübung zu sichern versucht werden. Die emotionale Hilfe im Lernprozeß moralischer Normen schließlich ist notwendig, damit das Kind erkannte und eingeübte Verhaltensregeln auch als wertvoll und verpflichtend erlebt.

Einstellungsstruktur und Einstellungsänderung

1. Einstellung

Unsere Auseinandersetzung mit der Umwelt geschieht kognitiv, emotional und aktional. Objekte der Umwelt, die für das Individuum irgendeine Relevanz haben — konkrete, wie Einfamilienhaus und abstrakte, wie Pressefreiheit —, können wir rational durch Nachdenken, emotional durch entsprechende Gefühlsregungen und aktional durch Handelnwollen psychologisch verarbeiten. Unser diesbezügliches Fühlen, Denken und unsere Tendenzen, in einer bestimmten und keiner anderen Weise zu handeln, weisen häufig gewisse Gesetzmäßigkeiten auf, die man mit dem Wirken einer diesbezüglichen Einstellung erklärt. Man spricht hier von drei Komponenten der Einstellung, der emotionalen, kognitiven und aktionalen (vgl. Krech, D., Crutchfield, R. S., Ballachey, E. L., 1962; Secord, P. F., Backman, C. W., 1964).

Die drei Komponenten lassen sich am Beispiel einer individuellen Einstellung für eine bestimmte politische Partei illustrieren: Die emotionale Komponente dieser Einstellung kann sich als Freude bei einem Abstimmungssieg dieser Partei, als Trauer oder Mißbehagen bei ihrer Niederlage zeigen. Die kognitive Komponente einer positiven Einstellung zu dieser Partei wären Gedanken und Argumente, die für diese Partei sprechen und andere Parteien eher disqualifizieren könnten, auch alle diesbezüglichen Überzeugungen. Handlungstendenzen, diese Partei zu unterstützen, für diese Partei bei der nächsten Wahl zu stimmen, andere Wähler auch „überzeugen" zu wollen, wären schließlich auf die aktionale Komponente zurückzuführen.

Einstellungen sind gefolgerte Grundlagen, hypothetische

Konstrukte, der direkten Beobachtung nicht zugänglich, sondern erschlossen aus bestimmten Gesetzmäßigkeiten manifestierten Verhaltens und verbaler Äußerungen. Einstellungen sind stets objektbezogen, wobei zum Objekt einer individuellen Einstellung jeder konkrete oder abstrakte Inhalt der subjektiven Welt des Trägers werden kann, wie Gegenstände, Sätze, Situationen, Feststellungen (vgl. E. Roth, 1969). Einstellungen sind weder angeboren noch Produkt eines biomechanischen Reifungsprozesses, sondern werden im Laufe der individuellen Lerngeschichte erworben. Die Einstellungen eines Individuums stehen in wechselseitiger Abhängigkeit, ebenso die Komponenten einer Einstellung und ihre Teile (vgl. E. Roth, 1967).

Einstellung muß von *Meinung* unterschieden werden. Der Meinung fehlt die emotionale Komponente (vgl. Secord and Backman, 1964), sie ist mehr persönlichkeitsperipher, oberflächlicher, weniger dauerhaft. Eine weitere Unterscheidung soll zwischen Einstellung und *Wertsystem* getroffen werden. Wertsysteme beziehen sich auf eine Vielzahl von Objekten, ganze Klassen von Objekten. Einstellungen können in Wertsystemen organisiert sein. Die dem System zugeordneten Werte sind wiederum Objekte von Einstellungen; Objekt einer Einstellung kann ja alles sein, was für das Individuum in seiner psychischen Welt existiert. Wertsysteme sind somit organisierte Systeme von untereinander abhängigen Einstellungen gegenüber Werten. Auch Werthaltungen sind grundsätzlich nichts anderes als Einstellungen. Im semantischen Umfeld von Einstellung liegen noch verschiedene Begriffe, deren Abgrenzung zu Einstellung nicht überall einheitlich erfolgt, wie Gesinnung, Vorurteil, Stereotyp u. ä. Sie brauchen im vorliegenden Zusammenhang nicht näher beschrieben zu werden (vgl. Roth, E., 1967; Spranger, E., 1950; Krech, D., Crutchfield, R. S., Ballachey, E. L., 1962).

2. Konsistenz als organisierendes Prinzip von Einstellungen

Daß individuelle Einstellungen nicht unabhängig von anderen Einstellungen bestehen können, wurde oben schon kurz erwähnt. Beachtenswert scheint, daß diese gegenseitige Abhängigkeit und Determination jedoch nicht nur *intraindividuell* besteht, daß also die Einstellungsorganisation nicht nur innerhalb jedes einzelnen Individuums bestimmten Gesetzmäßigkeiten folgt, sondern daß sich Einstellungen auch *interindividuell,* also von Individuum zu Individuum, in Interdependenz befinden und gegenseitig steuern.

In den letzten Jahrzehnten wurden Theorien entwickelt und weitgehend auch empirisch belegt, die uns zu einem zentralen Faktor dieser Steuerungsprozesse führen. Gemeint ist die *Konsistenz* der zu einem System gehörenden Einstellungen. Mit Konsistenz soll ausgedrückt werden, daß das Individuum versucht, seine subjektiven Wissensinhalte, wie Werte, Meinungen und Überzeugungen miteinander in Übereinstimmung zu bringen (vgl. Oerter, R., 1970; Abelson, R. et al., 1968).

Ausgelöst wurde die diesbezügliche Forschung durch die Arbeiten der *Gestaltpsychologie.* W. Köhler, M. Wertheimer, W. Koffka und W. Metzger betonten die Einheit in der Organisation von subjektiven Inhalten, wie Melodien, Raumgestalten oder Gedanken. Unter Gestalt verstanden sie solche Gebilde, die als Ganze spezifische Eigenschaften haben (vgl. Köhler, W., 1933) und somit als Ganzes mehr sind als die Summe ihrer Teile. Als klassisches Beispiel gilt die Gestalt einer Melodie, die nur als Ganzes sinnvoll erscheint. Die Zerlegung der Melodie in ihre einzelnen Töne zerstört sie; die gleiche Melodie kann auch von ganz anderen Tönen gebildet werden, etwa von höheren oder tieferen. Anschließend an diese Tradition führte der Gestaltpsychologe Kurt Lewin bei der Forschung nach den Ursachen von Willenskräften „Feldkräfte" ein, deren Wirkung er in grafisch-schematischen Darstellungen zu illustrieren vermochte (vgl. Lewin, K.,

1936). Die modernen *Konsistenz-Theorien,* von denen im folgenden nur zwei skizziert werden sollen, nahmen hier ihren Ausgang.

2.1 Heiders Gleichgewichtstheorie

Heider, F. (1965) untersuchte soziale Beziehungen vor dem Hintergrund gestaltpsychologischer Erkenntnisse. Er stellte fest, daß in einem Feld sozialer Beziehungen die auftretenden psychischen Kräfte immer auf einen optimalen Gleichgewichtszustand im gestaltpsychologischen Sinne hinwirken. Personen können anderen Personen oder auch nichtpersönlichen Gegebenheiten positiv oder negativ gegenüberstehen, sie lieben oder nicht lieben, bewundern oder verachten, d. h. gegenüber der anderen Person oder nicht-persönlichen Begebenheit eine positive oder negative Einstellung haben. Personen bilden daneben mit anderen Personen oder Gegenständen *kognitive Einheiten.* Eine kognitive Einheit wäre beispielsweise die Homogenität einer anderen Person; gemeint ist, daß man bei der Wahrnehmung einer anderen Person dazu neigt, die Einheit ihrer Persönlichkeit zu überschätzen. Kognitive Einheiten wären weiter die Ähnlichkeit einer Person mit ihrem sozialen Partner, die Sympathie zur Folge hat, weiter Vertrautheit mit ihrem sozialen Partner, Ähnlichkeit von Überzeugungen und Zielen bei der Person mit ihrem sozialen Partner. Wenn der soziale Partner ein Objekt besitzt, das auch von der Person, deren Lebensraum betrachtet wird, geschätzt wird, spricht Heider ebenfalls von kognitiver Einheit.

Heider untersuchte die Beziehungskombinationen zwischen einer Person (P), deren Einstellungen interessieren, ihrem sozialen Partner (O) und dem Objekt der Einstellungen (X). Jedes soziale Feld läßt sich in solche Grundstrukturen (P, O, X) zerlegen. Die Person (P), deren Einstellungen interessieren, hat zum sozialen Partner (O) positive oder negative Einstellungen, ebenso zum Objekt der Einstellung (X); die Person verfügt aber noch über die kognitive Einheit zwischen (O) und (X), die auch positiv oder negativ sein kann. Ein ausgeglichener Zustand, eine *Balance*, besteht dann, wenn alle drei Beziehungen positiv, oder wenn zwei negativ und eine positiv sind. Ein unausgeglichener Zustand wird als unangenehm empfunden, er läßt Kräfte in der Person entstehen, die auf einen ausgeglichenen Zustand zielen, der durch Umkehrung der Wertung einer der drei Beziehungen erreicht wird.

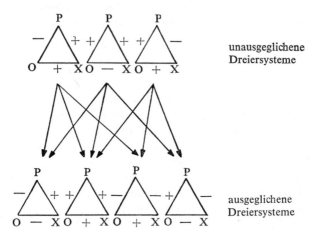

unausgeglichene
Dreiersysteme

ausgeglichene
Dreiersysteme

Dargestellt sind Kombinationsmöglichkeiten zwischen je zwei positiven oder negativen Gefühlsbeziehungen (P—O; P—X) und je einer positiven oder negativen kognitiven Beziehung (O—X). Verbindungsstriche zwischen Dreiersystemen zeigen die Möglichkeiten der Ausbalancierung durch Umkehrung der Wertung einer einzigen Beziehung.

An einem einfachen fiktiven Beispiel läßt sich verdeutlichen, was gemeint ist: Ein Schüler (P) habe eine positive emotionale Beziehung zu seinem Vater (O) und eine positive Einstellung zur Schule (X). Der Vater (O) erzähle seinem Sohn beiläufig, daß er vom Wert der Schule nicht überzeugt sei, selbst einmal sitzengeblieben sei. Der Schüler hat nun einen unausgeglichenen Zustand zu verarbeiten, es liegen zwei positive Beziehungen vor und eine negative. Ein ausgeglichener Zustand wäre erreicht, wenn eine der drei Beziehungen umgekehrt würden. Der Schüler kann seinem Vater gegenüber eine negative Einstellung entwickeln oder aber der Schule gegenüber. Als dritte Möglichkeit könnte er sich sagen, der Vater habe zwar negativ von der Schule gesprochen, habe aber dennoch insgesamt eine positive Beziehung zur Schule, da er den Hausmeister gut kenne, Mitglied des Elternbeirats sei, Wert auf Zeugnisse lege oder ähnliches. Der Schüler wird nach Heider in jedem Fall eine der drei Beziehungen zu ändern versuchen. Welche der drei Beziehungen umgekehrt wird, ist abhängig von ihrer Stabilität.

2.2 Die Theorie der kognitiven Dissonanz nach Festinger (vgl. Oerter, R., 1970; Festinger, L., 1963, 1964)

Hier geht es um die Frage, nach welchen Gesetzmäßigkeiten sich subjektive Inhalte einer Person gegenseitig beeinflussen. Jede Art von Wissen, Meinung, Überzeugung über die Umwelt, über sich selbst, über das eigene Verhalten, über Werte und Werthaltungen läßt sich als Vielzahl von kognitiven Elementen bezeichnen. Ein kognitives Element stellt hier die Einheit dar, aus der sich das gesamte subjektive Wissen einer Person zusammensetzt. Zwei kognitive Elemente können in relevanter oder irrelevanter Beziehung zueinander stehen. Die Relevanz der Beziehungen gibt an, wieviel die betreffenden kognitiven Elemente inhaltlich miteinander zu tun haben. Irrelevant wäre die Beziehung, wenn das eine kognitive Element nichts enthält, was Konsequenzen für das andere Element haben könnte. Eine relevante Beziehung kann *konsonant* oder *dissonant* sein. Konsonanz drückt die inhaltliche Kompatibilität beider kognitiven Elemente aus, d. h. ihre gegenseitige Vereinbarkeit. Dissonanz besteht dann, wenn bei alleiniger Betrachtung dieser beiden kognitiven Elemente inhaltlich das Gegenteil des einen Elements aus dem andern folgt, wenn beispielsweise ein kognitives Element ein Verbot enthält und ein anderes das Wissen um die eigene Übertretung dieses Verbotes. Die subjektiven kognitiven Inhalte einer Person bestehen aus einer Vielzahl kognitiver Elemente. Demzufolge hängt die Größe der kognitiven Konsonanz bzw. Dissonanz auch von einer

Vielzahl konsonanter bzw. dissonanter Beziehungen zwischen kognitiven Elementen ab, die nach ihrer gegenseitigen Relevanz in verschiedenen Gruppen oder Cluster angeordnet gedacht werden müssen. Die Größe der Dissonanz, die die Person empfindet, hängt einmal von der Anzahl dissonanter Beziehungen kognitiver Elemente ab, zum andern von der Wichtigkeit dieser Elemente für die Person. Die Größe der Dissonanz ist eine Funktion des Verhältnisses der Anzahl aller nach ihrer Wichtigkeit gewichteten dissonanten Elemente zur Anzahl der nach ihrer Wichtigkeit gewichteten konsonanten Elemente.

Im Mittelpunkt der Dissonanztheorie steht folgende hypothetische Annahme: Dissonanz wirkt psychologisch unbehaglich und motiviert die Person, die Dissonanz zu reduzieren und Konsonanz zu suchen. Neben diesem Versuch, Dissonanz zu reduzieren, wird die Person aktiv Situationen und Informationen meiden, die möglicherweise die Dissonanz vergrößern könnten (vgl. Festinger, L., 1963). Je größer die Dissonanz ist, desto mehr ist die Person nach Festinger motiviert, in irgendeiner Weise Dissonanzreduktion zu erreichen. Dazu stehen drei Möglichkeiten zur Verfügung: 1. Veränderung eines oder mehrerer kognitiver Elemente aus dissonanten Beziehungen, 2. Hinzufügung neuer konsonanter kognitiver Elemente und 3. Verringerung der Bedeutsamkeit kognitiver Elemente aus dissonanten Beziehungen. Selbstverständlich lassen sich kognitive Elemente mit enger Beziehung zur Realität, wie Wissensinhalte über tatsächlich erfolgtes Verhalten, wesentlich schwerer ändern als solche, die wenig über offen zutageliegende Fakten aussagen, wie etwa Werthaltungen. Deshalb werden zur Dissonanzreduktion eher solche kognitiven Elemente geändert, die geringeren Realitätsbezug aufweisen, etwa Einstellungen.

Die Dissonanztheorie erklärt Einstellungsänderungen in bestimmten sozialen Situationen recht anschaulich:

a) Einstellungsänderung nach einer Entscheidung

Fast jede Entscheidung erzeugt kognitive Dissonanz. Bei zwei positiven Alternativen, die zur Wahl standen, folgt nach der Entscheidung zwangsläufig Dissonanz zwischen den negativen kognitiven Elementen der gewählten Alternative, den positiven kognitiven Elementen der verworfenen Alternative einerseits und andererseits den kognitiven Elementen, die das Wissen um die eigene Handlung repräsentieren. Die Größe dieser Dissonanz und somit der Wahrscheinlichkeitsgrad einer folgenden Einstellungsänderung hängt von der *Wichtigkeit der Entscheidung,* der *relativen Attraktivität* der verworfenen Alternative und der *kognitiven Überlappung,* also der subjektiv inhaltlichen Gleichheit der beiden zur Entscheidung gestandenen Alternativen ab. Der Punkt „Wichtigkeit der Entscheidung" bedarf keiner besonderen Erläuterung. Die Entscheidung für eine bestimmte Ausbildungsrichtung dürfte für die meisten Personen wichtiger sein als die Wahl einer bestimmten Schuhmarke. Dementsprechend wird auch die Entscheidungsdissonanz im ersten Fall größer sein als nach dem Kauf von Schuhen und ebenso die Wahrscheinlichkeit einer entsprechenden Einstellungsänderung. Da die Wichtigkeit der Entscheidung ein Kriterium für die Größe der Dissonanz darstellt, kann Dissonanzreduktion auch dadurch erreicht werden, daß man nach der Entscheidung die ganze Angelegenheit für weniger wichtig hält, sie auf die leichte Schulter nimmt. Die Dissonanz nach einer Entscheidung steigt mit der Attraktivität der verworfenen Alternative und mit der Bedeutsamkeit der gewählten Alternative; die gewählte Alternative enthält ja auch negative kognitive Elemente, die gemäß ihrer Bedeutsamkeit Dissonanz zur vollzogenen Entscheidung bewirken. Zur Dissonanzreduktion bieten sich somit nach der Entscheidung ein Geringerschätzen der Attraktivität der verworfenen Alternative. Entscheidet man sich dazu, sich freiwillig einer bedeutsamen Prüfung zu stellen und dafür nicht in die Ferien zu fahren, dann kann die Entscheidungsdissonanz reduziert werden durch subjektive Verringerung der Attraktivität der Ferienreise und/oder durch Erhöhung der Attraktivität der Prüfung. Kognitive Überlappung kennzeichnet die relative Anzahl all jener kognitiven Elemente, die beide Alternativen gemeinsam haben. Je höher sie ist, desto geringer ist die zu erwartende Dissonanz nach der Entscheidung. Dissonanzreduktion läßt sich folgerichtig auch dadurch erzielen, daß man kognitive Elemente aus beiden Alternativen für identisch hält, die tatsächlich nicht identisch sind, daß man also dazu neigt, zu glauben, beide Alternativen seien einander ähnlicher als sie tatsächlich sind. Ein Schüler, der sich zur freiwilligen Ablegung einer Prüfung entschieden hat, neigt zur Dissonanzreduktion, also auch dazu, in beiden Alternativen gleiche oder ähnliche Elemente zu sehen. Er könnte sich vielleicht sagen, während der Prüfungsvorbereitung werde er Spaziergänge einlegen können, genau wie auf einer Ferienreise, auch auf der Ferienreise hätte er gelesen, das Essen sei in der Ferne auch nicht besser als zu Hause während der Prüfungsvorbereitung u. ä.

Hier soll nochmals betont werden, daß die Person von diesen verschiedenen Möglichkeiten der Dissonanzreduktion nicht etwa in völliger Passivität heimgesucht wird, daß vielmehr das Bestehen von Dissonanz motivierend auf die Person wirkt, etwas zur Dissonanzreduktion einzuleiten. Die Person kann dazu aktiv Informationen und Situationen suchen, die adäquate kognitive Elemente zur entsprechenden Einstellungsänderung liefern können.

b) Einstellungsänderung nach erzwungener Zustimmung

Erzwungene Zustimmung findet immer dann statt, wenn die Person dazu gebracht wird, sich gegen die eigene Überzeugung zu verhalten, etwa infolge einer Strafandrohung oder der Inaussichtstellung einer Belohnung. Es handelt sich auch hier um einen Fall von Entscheidung. Willigt die Person in das der eigenen Überzeugung zuwiderlaufende Verhalten ein, um Belohnung zu erhalten oder Strafe zu vermeiden, dann verhält sie sich gegen ihre Überzeugung. Willigt sie nicht ein, folgt Ausbleiben von Belohnung oder Strafe. In beiden Fällen entsteht Dissonanz. Bei Ausführung des nicht gewünschten Verhaltens entsteht Dissonanz zwischen dem Wissen um das eigene manifestierte Verhalten und den kognitiven Elementen, die der ursprünglichen Überzeugung zugrunde liegen. Im anderen Fall entsteht Dissonanz zwischen den kognitiven Elementen des Wissens um die verlorengegangene Belohnung bzw. erhaltene Strafe und den kognitiven Elementen des Wissens um das eigene Verhalten. Bei Ausführung des Verhaltens ist Einstellungsänderung im gewünschten Sinne wahrscheinlich.

Die Dissonanztheorie ermöglicht Aussagen über das Verhältnis zwischen Größe des Zwangs und Wahrscheinlichkeit der Einstellungsänderung, die überraschen: Bei großem Zwang, also großer Belohnung oder strenger Strafe entsteht nach der Einwilligung der Person relativ geringe Dissonanz, weil ja die kognitiven Elemente, die das Wissen um die Größe der Belohnung oder Strenge der Bestrafung repräsentieren, alle konsonant sind, mit dem Wissen um das manifestierte Verhalten. Große Dissonanz, also hohe Wahrscheinlichkeit zur gewünschten Einstellungsänderung, ist nur bei relativ geringem Zwang zu erwarten. Da nach der Ausführung des aufgezwungenen Verhaltens die kognitiven Elemente, die das Wissen um dieses eigene offen zutage liegende Verhalten repräsentieren, aufgrund ihres stärkeren Realitätsbezugs nur mit größerem Widerstand geändert werden können als die Elemente, die Überzeugungen, Werte, Einstellungen etc. darstellen, ist eine Änderung der Einstellungen, Werte oder Überzeugungen wahrscheinlich. Die Einstellungsänderung, ausgedrückt in der Anzahl und Wichtigkeit der zu ändernden kognitiven Elemente, ist bei großer Dissonanz infolge geringen Zwanges größer. Bei großem Zwang ist nur geringe Einstellungsänderung zu erwarten.

c) Bumerang — Effekt

Geringer Zwang, also das Inaussichtstellen einer kleinen Belohnung oder Androhung einer milden Strafe läßt, wie wir sagten, bei Einwilligung der Person eine starke Einstellungsänderung im beabsichtigten Sinne erwarten. Bleibt aber die Einwilligung aus, verzichtet also die Person auf die Belohnung oder nimmt die Strafe in Kauf und zeigt nicht das erwünschte Verhalten, dann wird im Sinne der angestrebten Beeinflussung kein Fortschritt, sondern ein Rückschritt erzielt. Die entstandene Dissonanz kann entweder durch eine subjektive Abwertung der beteiligten Belohnung oder Bestrafung reduziert werden oder durch eine Intensivierung der ursprünglichen persönlichen Einstellung, also durch eine Einstellungsänderung, die gerade entgegengesetzt zur beabsichtigten Einstellungsänderung verläuft. Deshalb spricht man hier auch von einem Bumerang- oder Kontrast-Effekt. Im Erziehungsbereich ist dieser Kontrast-Effekt immer dann zu erwarten, wenn dem zu Erziehenden Wissensbestände, Erfahrungen, Informationen etc. zur Verfügung stehen, die ihm ein Versteifen der eigenen Haltung insgesamt einfacher erscheinen lassen als eine Änderung.

d) Dissonanz infolge neuer Information

Jede neue Information, die kognitive Elemente über Objekte enthält, zu denen bereits eine Einstellung bei der Person vorliegt, kann Dissonanz erzeugen. Die Dissonanz steigt mit der Anzahl der in der Information enthaltenen dissonierenden Elemente und auch mit der inhaltlichen Entfernung der neuen Information von der Position des Individuums. Deshalb neigt die Person auch dazu, bevorzugt solche Information auszuwählen, die konsonante Elemente zur bestehenden Einstellung enthält und versucht Information mit dissonanten Elementen zu meiden. Wenn man sich für eine bestimmte Partei oder einen bestimmten Beruf entschieden hat, überhört man gerne Argumente, die gegen die getroffene Entscheidung sprechen, man meidet sie und nimmt sie häufig gar nicht wahr; andererseits sucht man aktiv nach Information, die die getroffene Entscheidung bestätigt. Dieser einfache Zusammenhang gilt allerdings nicht immer. Ab einer gewissen Größe der Dissonanz können sich die Verhältnisse umkehren. Ein Mitglied einer Partei, das plötzlich feststellen muß, daß seine Partei Verbrechen gegen die Menschlichkeit verübt, kann allzu großer Dissonanz ausgesetzt sein, so daß eine Dissonanzreduktion durch Aufsuchen dissonanter Information und durch Meiden konsonanter leichter erscheint. Die Person wird weitere Information gegen diese Partei suchen und als scharfer Kritiker dieser Partei Dissonanzreduktion anstreben, ein Verhalten, das auch nach den Regeln der Gruppendynamik den Konvertiten kennzeichnet. Ist die Person nicht auf die neue Information vorbereitet, dann hat sie auch keine Möglichkeit, vorher kognitive Elemente zu installieren, die die neue unerwartete Information nicht so verschieden von der eigenen Meinung erscheinen ließen. Infolgedessen ist bei unerwarteter Darbietung neuer Information unter sonst gleichen Bedingungen eine größere Dissonanz zu erwarten, die eine stärkere Einstellungsänderung erwarten läßt, als bei vorheriger Hinführung der Person zur neuen Information.

e) Dissonanzreduktion durch soziale Bestätigung

Je größer die Anzahl der kognitiven Elemente wird, die beinhalten, daß andere Personen die eigene Einstellung teilen, desto mehr wird Dissonanz reduziert und somit diese allen gemeinsame Einstellung in der Person intensiviert. Neue dissonante Information vermag also unter sonst gleichen Bedingungen eine Einstellungsänderung um so leichter auszulösen, je weniger Personen die ursprüngliche Meinung der Person teilen (vgl. Heider, F., 1965). Mitglieder einer Gruppe versuchen zudem bei neuer, für alle dissonanter Information die Anzahl und die Bedeutung konsonanter Elemente aufgrund des Wissens um gleichsinnige Einstellungen der übrigen Gruppenmitglieder zu erhöhen, um Dissonanzreduktion zu erzielen.

2.3 Weitere Konsistenztheorien

Die Skizzierung der Gleichgewichtstheorie Heiders und der kognitiven Dissonanztheorie Festingers soll exemplarisch verdeutlichen, wie kognitive Konsistenztheorien versuchen, die gegenseitige Bedingtheit und Determination von Einstellungen zu erfassen. Die Grundannahmen dieser Konsistenztheorien sind einander sehr ähnlich: Analog der biologischen Homöostase, der Selbstregulierung eines konstanten inneren Milieus, wie Körpertemperatur, Wasserhaushalt etc., werden auch psychische Selbstregulationsvorgänge angenommen, die bei Ungleichgewicht oder Dissonanz darauf drängen, wieder ein Gleichgewicht herzustellen. Die Unterschiede der Theorien liegen in der Methode, der Auswahl der Phänomene, die sie beschreiben wollen, und der Art der zum Ausgleich drängenden Größe (vgl. Abelson, R. P. et al., 1968).

Einstellungsforschung erschöpft sich natürlich nicht in kognitiven Konsistenztheorien, aber diese haben insgesamt wertvolle Anstöße und Beiträge für diesen Forschungsbereich gebracht. Sie haben auch zu der zentralen Frage nach dem Wesen von Einstellungen, ihrer Struktur und der Organisation ihrer Komponenten und Elemente wichtige Erkenntnisse geliefert.

3. Ergebnisse experimenteller Einstellungsforschung

Einstellungsforschung wurde schon vor der Entwicklung kognitiver Konsistenztheorien betrieben; sie weist auch heute weite Bereiche auf, die sich nicht auf diese Theorien beziehen. Im folgenden sollen einige wichtige Ergebnisse der Forschung auf diesem Gebiet zusammenfassend dargestellt werden, Ergebnisse, die sich zum Teil auch mit kognitiven Konsistenztheorien erklären lassen.

3.1 Die Gerichtetheit der Argumentationsform

Mit Gerichtetheit der Argumentationsform ist gemeint, ob die Beeinflussung nur Argumente enthält, die im Sinne der angestrebten Einstellungsänderung positiv sind, oder ob sowohl positive als auch negative genannt und gegeneinander abgewogen werden. Man spricht von *einseitiger* bzw. *zweiseitiger* Argumentationsform. Die heutige Konsumartikelwerbung arbeitet hauptsächlich einseitig. Es werden gewöhnlich nur Vorteile des Produkts genannt. Eine der bekanntesten Untersuchungen zu diesem Problem wurde während des Zweiten Weltkrieges mit amerikanischen Soldaten durchgeführt (Hovland, C. I., Lumsdaine, A. A. und Sheffield, F. D., 1949). Nach der Kapitulation Deutschlands befürchtete die amerikanische Heeresleitung, die Soldaten würden die noch zu erwartenden gewaltigen Anstrengungen im Krieg mit Japan nicht durchstehen, da sie sich auf eine zu frühe Beendigung des Krieges eingestellt hätten. Die Aufgabe war, die Soldaten auf einen noch bevorstehenden längeren Krieg mit Japan vorzubereiten, ihre Einstellungen bezüglich des Japankrieges also positiver zu gestalten. Zu diesem Zweck entwarf man zwei verschiedene Informationsprogramme, ein einseitiges und ein zweiseitiges. Das einseitige Programm enthielt nur Argumente für eine Fortsetzung des Krieges mit Japan, das zweiseitige hatte zusätzlich Argumente, die für eine frühere Beendigung des Krieges sprachen. Beide Informationsprogramme sagten einen mindestens noch zweijährigen Krieg voraus. Die Informationen wurden in gleicher Weise und unter gleichen Bedingungen an verschiedene Gruppen von Soldaten gegeben, deren Einstellung zur Dauer des Krieges vor dem Experiment festgestellt worden war und nach dem Experiment erneut gemessen wurde. Eine Kontrollgruppe bekam überhaupt keine Information, nahm aber ebenfalls an den Einstellungsmessungen teil. Als erstes Ergebnis stellte man fest, daß weder die einseitige noch die zweiseitige Argumentationsform mehr Einstellungsänderung bewirkt hatte. Beide Programme erzielten eine etwa gleichstarke Einstellungsänderung. Bedeutender war allerdings die Entdeckung, daß die zwei verschiedenen Informationsprogramme verschiedene Effekte auf verschiedene Gruppen von Soldaten hatten. Bei den Soldaten ohne Highschool-Bildung führte eine einseitige Argumentationsform zu mehr Erfolg als die zweiseitige. Umgekehrt war es bei den Soldaten mit High-school-Abschluß, bei ihnen wurde ein wesentlich größerer Teil von der zweiseitigen Argumentationsform beeinflußt. Unterschiedliche Auswirkungen zeigten sich auch in Abhängigkeit von der ursprünglichen Einstellung der Soldaten. Diejenigen, die von vornherein an eine längere Dauer des Krieges geglaubt hatten, wurden mehr von der einseitigen Form beeinflußt, diejenigen, die an eine baldige Beendigung des Krieges geglaubt hatten, änderten bei zweiseitiger Argumentationsweise eher ihre Einstellung. Zusammenfassend läßt sich also feststellen, daß die einseitige Argumentationsform mehr Einstellungsänderung erwarten läßt, wenn die zu beeinflussenden Personen schon von vornherein mit ihren Einstellungen in die erwartete Richtung tendieren und/oder wenn sie aufgrund ihrer Vorbildung nicht gewohnt sind, Dinge aus verschiedenen Positionen zu betrachten. Zweiseitige Informationsform ist dagegen immer zu empfehlen, wenn die ursprüngliche Einstellung der zu Beeinflussenden inhaltlich weit von der angestrebten Position entfernt ist und/oder die Personen aufgrund ihrer Ausbildung gelernt haben, Dinge von mehreren Seiten zu betrachten.

Diese Ergebnisse lassen sich auch aus der Dissonanztheorie erklären. Eine Einstellungsänderung ist danach um so schwerer, je mehr kognitive Elemente dissonant mit der neuen Information sind. Weniger gebildete Personen kennen wahrscheinlich insgesamt weniger Argumente, weniger für und weniger gegen eine neue Information. Bei einseitiger Argumentation verfügen sie somit auch über weniger Elemente, die zu dieser neuen Information dissonant sind, und sind demnach eher fähig, die Einstellungsänderung im gewünschten Sinne zu vollziehen. Personen mit besserer Vorbildung sind wahrscheinlich mehr mit den verschiedenartigsten logischen Argumenten vertraut, die gegen die Informationsrichtung sprechen. Bei ihnen ist eine einseitige Information, die diese Argumente ignoriert, dissonant mit wesentlich mehr kognitiven Elementen. Diese Personen können Dissonanzreduktion dadurch erreichen, daß sie neue konsonante Elemente hinzufügen, wie etwa Mißtrauen oder Abwertung der Informationsquelle. Bei einer zweiseitigen Argumentation werden auch eine Anzahl Argumente geboten, die konsonant mit bestehenden kognitiven Elementen sind. Dadurch wird die Dissonanz insgesamt nicht so groß wie bei einseitiger Argumentation.

Man glaubt heute auch zu wissen, daß zweiseitige Information vor allem dann zu empfehlen ist, wenn es um Beeinflussung auf lange Sicht geht. Durch zweiseitige Information werden dem zu Beeinflussenden auch Gegenargumente geboten. Bei zufälliger späterer Konfrontation mit diesen Gegenargumenten, kennt er diese schon und wird nicht so leicht eine Einstellungsänderung im negativen Sinne vollziehen. Man könnte sagen, zweiseitige Argumentation „immunisiere" gegen neue negative Information.

3.2 Furchtauslösende Appelle

Ein bekanntes Experiment bezüglich emotionaler Appelle führten Janis, I. L. und Feshbach, S. (1953) durch, indem sie den Effekt von drei verschiedenen Intensitäten von Furchtappellen in einer sonst einheitlichen Information prüfen wollten. Die Information bestand aus einem 15minütigen Vortrag, der in drei Parallelgruppen völlig identisch war und die Ursachen von Zahnverfall und dessen Verhinderung durch Mundpflege zum Inhalt hatte. Die Informationen unterschieden sich lediglich in der Art und der Menge angstauslösenden Illustrationsmaterials. In der Gruppe, in der am meisten Angst ausgelöst werden sollte, wurde der Zahnverfall und die entsprechenden Schmerzen anschaulich mit Fotos demonstriert, die den Zahnverfall und Mundinfektionen deutlich zeigten. Der Gruppe, in der ein gemäßigter emotionaler Appell ausgelöst werden sollte, wurden entsprechend weniger abstoßende Bilder gezeigt. In der Gruppe, in der nur leichte Furcht ausgelöst werden sollte, wurden Kieferkrankheiten nur auf Röntgenbildern gezeigt, während Fotos nur gesunde Zähne darstellten. Als Ergebnis stellte man fest, daß starke furchtauslösende Appelle fast wirkungslos sind. Die Angst, die dadurch erzeugt wird, erweckt in dem zu Beeinflussenden Mißtrauen und Argwohn gegenüber dem Informanten und dessen Motiven oder fördert andere Arten der Abwehr. Ein relativ geringer Furchtappell scheint am erfolgversprechendsten zu sein. Hinzu kommt, daß furchtauslösende Informationen den Nachteil haben, das Individuum gegen spätere weitere furchtauslösende Informationen zu immunisieren, so daß spätere Beeinflussungsversuche dieser Art wirkungslos werden. Die gefundene Beziehung, daß bei steigendem Furchtappell die Einstellungsänderung abnimmt, läßt sich auch mit der Dissonanztheorie erklären.

3.3 Die Glaubwürdigkeit des Senders

Die Wirkung, die das Prestige, die Qualifikation oder der Ruf dessen, der beeinflussen will, auf den Beeinflussungsprozeß hat, ist bekannt. Ganze Serien von Experimenten (vgl. Hovland, C. I. und Weiss, W., 1951; Hovland, C. I., Janis, I. L. und Kelley, H. H., 1953) boten verschiedenen Versuchspersonengruppen gleiche Informationen, die in den verschiedenen Gruppen verschiedenen Autoren zugesprochen wurden. Die Mehrzahl dieser Experimente konnte die Bedeutung einer positiven Einschätzung des Beeinflussers nachweisen. Die Zusammenhänge sind allerdings nicht so einfach, daß allein durch ein höheres Prestige des Senders die Information eher angenommen würde. Der Ruf des Senders verändert subjektiv beim Informationsempfänger die Bedeutung der Information (vgl. Asch, S. E., 1952; Smith, L. M. und Hudgins, B. B., 1971). Stellen wir uns vor, Lehrer würden ihren Schülern Informationen gegen Drogenmißbrauch geben. Anderen Schülern würden die gleichen Informationen von ehemals drogenabhängigen Personen gegeben. Es wäre zu erwarten, daß die Lehrer unter sonst gleichen Bedingungen zunächst weniger Einstellungsänderung bei den Schülern erzielen könnten, als die „Drogenexperten", da die Informationen wahrscheinlich verschieden interpretiert würden. Die Lehrerinformationen würden wahrscheinlich eher als Teil des Lehrplans, als Verordnung von höheren Instanzen, als Beschneidung der eigenen Freiheit interpretiert, während den ehemals drogenabhängigen Informanten möglicherweise mehr Altruismus und ehrlichere Motive attestiert würden. Die gleiche Information würde hier eher als Lebenshilfe, dort eher als Verordnung verstanden werden. Für längeranhaltende Einstellungsänderung ist der Ruf des Beeinflussers allerdings nicht mehr so wichtig. Nach einigen Wochen verliert das Prestige an Bedeutung. Die kognitive Verbindung zwischen Information und Sender nimmt ab.

3.4 Einbeziehung des Verhaltens

Die Bedeutung des Verhaltens für eine Einstellungsänderung läßt sich, wie oben gezeigt wurde, sehr gut mit der Dissonanztheorie erklären. Das Wissen um eigenes manifestiertes Verhalten stellt kognitive Elemente dar, die immer dann Einstellungsänderung als Mittel der Dissonanzreduktion erwarten lassen, wenn sie dissonant zu Elementen der ursprünglichen Einstellung sind. Experimentelle Befunde bestätigen dies (vgl. Brehm, J. W. und Cohen, A. R., 1962). Die Untersuchungen lassen sich in zwei Kategorien einordnen; in der einen können die Versuchspersonen zwischen zwei oder mehreren alternativen Verhaltensweisen wählen, in der anderen werden sie zu einem ihren Einstellungen widersprechenden Verhalten aufgefordert. Ein häufig zitiertes Beispiel für die erste Kategorie stellt die Entscheidung dar, die ein Autokäufer trifft, der vor dem Kauf verschiedene Autotypen in die engere Wahl gezogen hat. Sofern ihm der Gegenstand Auto etwas bedeutet, wird er sehr wahrscheinlich nach dem Kauf zum Zwecke der Dissonanzreduktion bestrebt sein, weitere positive Information über den Wagen seiner Wahl zu suchen, wie etwa Anzeigen, da gerade Anzeigen viele mit seinem Wahlverhalten konsonante Elemente enthalten; er wird versuchen, Testberichte nach Argumenten für seinen Autotyp und solche gegen die Konkurrenzfabrikate zu durchforsten. Viele Geschäfte bieten dem Kunden deshalb auch nach dem Kauf Informationen, die Vorzüge der gekauften Ware schildern, etwa in der Form, man habe gut gekauft, es handle sich um auserlesene Ware. Der Kunde nimmt gerne diese kognitiven Elemente auf, sie erleichtern ihm die Dissonanzreduktion.

Oder stellen wir uns eine Schulklasse zu Beginn des Schuljahres vor. Die Schüler kennen sich zum Teil schon von der letzten Klasse, die Sitzordnung im neuen Klassenzimmer steht aber noch nicht fest. Betrachten wir einen Schüler, der verschiedene Mitschüler kennt, neben die er sich gerne setzen würde. Schließlich setzt er sich, ohne einen besonderen Grund zu kennen, neben einen dieser Schüler. Er hatte vorher etwa gleich positive Einstellungen jedem Mitschüler seiner engeren Wahl gegenüber. Die Entscheidung für einen von ihnen könnte ihn aber veranlassen, dazu zu neigen, zur Dissonanzreduktion bei seinem Banknachbarn eher positive Eigenschaften zu sehen, bei den Konkurrenten eher negative. Seine Einstellung dürfte sich unter sonst gleichen Bedingungen dem Banknachbarn gegenüber positiv ändern, den anderen gegenüber negativ. Der Zusammenhang zwischen Kontakthäufigkeit und Sympathiebildung ist auch aus der Gruppendynamik bekannt (vgl. Homans, G. C., 1961; Hofstätter, P. R., 1965). Untersuchungen der anderen Kategorie befassen sich mit diskrepantem Verhalten, d. h. mit solchem Verhalten, das zu den eigenen Einstellungen dissonant ist. Es konnte gezeigt werden, daß diskrepantes Verhalten, solange es nicht von Überredungsversuchen des Beeinflussers begleitet ist, Dissonanz und somit Einstellungsänderung zur Folge hat. Heimschüler, die eine Abneigung gegen bestimmte Gemüsearten hatten, aber einwilligten, das Gemüse zu essen, änderten ihre Einstellung zu diesem Gemüse, es schmeckte ihnen besser. Man fand sogar, daß die Einstellungsänderung mit der Menge des gegessenen Gemüses stieg, jedoch nur, wenn nicht noch nebenbei versucht wurde, verbal zu überzeugen (Brehm, J. W., 1960). Diskrepantes Verhalten genügt im Beeinflussungsprozeß zur Einstellungsänderung. Zu starker Druck oder Zwang wirken negativ. Festinger, L. und Carlsmith, J. M. (1959) ließen drei Gruppen von Studenten eine Stunde lang eine äußerst langweilige Arbeit verrichten. Anschließend sollten sie einen Außenstehenden davon überzeugen, daß es sich um eine schöne interessante Arbeit handle. In einer Gruppe erhielten die Studenten für diesen Überzeugungsversuch

20 Dollar, in der zweiten Gruppe 1 Dollar, die Studenten der dritten Gruppe erhielten nichts. Anschließend wurde bei allen Studenten die Einstellung zu dieser langweiligen Arbeit mit Schätzskalen erfaßt. Bei den Studenten mit geringem Druck (1 Dollar Belohnung) wurde die beste Einstellung zu dieser Arbeit registriert; sie hatten nämlich diskrepantes Verhalten bei minimalem Zwang gezeigt.

Diskrepantes Verhalten zum Zwecke der Einstellungsänderung kann auch in Form eines Rollenspiels gefordert werden. Die öffentliche Äußerung einer Einstellung, die der persönlichen Einstellung widerspricht, aber aufgrund der Rolle gezeigt werden muß, beeinflußt auch die private Einstellung. Dabei sollte der Rollenspieler eigene Worte und Argumente suchen müssen und nicht einfach einen vorgefertigten Text verlesen. Durch dieses Formulieren und Gestalten seiner Aussage wird er angeregt, sich intensiver mit der neuen Einstellung zu befassen und bildet positive kognitive Elemente (vgl. Janis, I. L. und King, B. T., 1954). Bei der Forderung diskrepanten Verhaltens besteht, wie oben bereits erwähnt wurde, die Gefahr des Bumerang-Effekts, wenn der zu Beeinflussende nicht in das Verhalten einwilligt, etwa weil Einstellungen zu tief verankert sind, um in kurzer Zeit geändert zu werden. Man denke an Daumenlutschen, sexuelle Verwahrlosung, Diebstahl etc. Solange keine Verhaltensänderung im gewünschten Sinne gewährleistet werden kann, führt jede Art von Druck zu weiterer Verfestigung der ursprünglichen Einstellung. Druck kann nur dann sinnvoll sein, wenn eine Ausführung des gewünschten Verhaltens dadurch garantiert erscheint.

3.5 Die Bezugsgruppe

Zur erfolgreichen Beeinflussung gehört die Kenntnis der Bezugsgruppen des zu Beeinflussenden und ihrer Normen. Eine Berücksichtigung der Normen der individuellen Umwelt fördert die beabsichtigte Einstellungsänderung. Ein Schüler, der in seiner außerschulischen Umwelt, in Elternhaus und Freundeskreisen ein anderes Wertsystem gelernt hat, als die Schule bietet, kann durch Beeinflussungsversuche der Schule möglicherweise noch mehr zu diesem anderen Wertsystem gedrängt werden. Die kognitiven Elemente, die außerschulische Werte darstellen, besitzen einen größeren Realitätsbezug und setzen einer Veränderung größeren Widerstand entgegen als die Elemente des schulischen Wirkens, so daß ein Bumerang-Effekt zu befürchten ist. Je stärker in einem solchen Fall der schulische Druck auf Einstellungsänderung ist, desto stärker wird eine Einstellungsänderung im negativen Sinn zu befürchten sein (vgl. Oerter, R., 1971). Diese Zusammenhänge werden in einer bekannten Untersuchung deutlich, in der die Gruppenverankerung von Einstellungen als Widerstand gegen ihre Änderung dargestellt wird (Kelley, H. H. und Volkart, E. H., 1952). Mitgliedern einer Pfadfindergruppe wurde ein Vortrag gehalten, in dem die Ansicht vertreten wurde, Pfadfinder sollten mehr Aktivitäten in den Städten als in der Natur entfalten, da sie ja die meiste Zeit ohnehin in Städten verbrächten. Vor diesem Vortrag hatte man ihre Einstellung zum Pfadfinderwesen gemessen. Bei einer erneuten Einstellungsmessung nach dem Vortrag sollte die durch den Beeinflussungsversuch bewirkte Einstellungsänderung registriert werden. Man fand, daß bei einer Reihe von Pfadfindern eine Einstellungsänderung im gewünschten Sinne eintrat, bei anderen zeigte sich keine Wirkung, wieder andere hatten eine Einstellungsänderung in entgegengesetzter Richtung zu verzeichnen. Genauere Analysen dieser unterschiedlichen Auswirkungen des Vortrags auf die Einstellungen zeigten, daß Pfadfinder, die sich laut Vorbefragung nicht sehr zum Pfadfindertum als Bezugsgruppe gebunden fühlten, ihre Einstellungen in der gewünschten Richtung änderten, solche mit starker Gruppenbindung aber nicht; bei diesen wurde häufig ein Bumerangeffekt, also eine Einstellungsänderung in negativer Richtung, registriert. Interessant sind in diesem Zusammenhang Forschungsergebnisse, die zeigen, daß für den Erfolg eines Beeinflussungsversuches nicht nur die Gruppenzugehörigkeit mitentscheidend ist, sondern daß der Erfolg auch davon abhängt, wie bewußt dem Empfänger während des Beeinflussungsversuches seine Gruppenzugehörigkeit ist bzw. gemacht wird. An einem Experiment mit Gruppen von katholischen College-Studenten zeigte sich das sehr klar (vgl. Kelley, H., 1955). Nachdem in einem Vortest die Bindung dieser Studenten an den Katholizismus festgestellt worden war, bot man ihnen Aussagen, die dem katholischen Standpunkt widersprachen, aber als typische Studentenmeinungen ausgegeben wurden. In einer Gruppe verband man diese typischen Studentenmeinungen mit Appellen an ihr katholisches Bekenntnis, in der anderen unterließ man solche Hinweise. Erwartungsgemäß war in der Gruppe die Einstellungsänderung geringer, in der an die Religionszugehörigkeit appelliert wurde. Hier trat das Bewußtsein der eigenen Zugehörigkeit stärker hervor und hemmte eine Abkehr der Einstellungen von diesen Gruppennormen des Katholizismus mehr als in der anderen Gruppe.

Der Einfluß der Gruppenzugehörigkeit und des Bewußtseins dieser Zugehörigkeit auf Einstellungsänderungen wird im Alltag — vor allem im politischen — häufig zur Geltung gebracht. Wer an seine „Lieben Landsleute", „Genossen", „Glaubensbrüder", „Mitbürger", „Arbeiter", „Deutsche", „Europäer", „Bayern" oder andere Gruppenmitglieder apelliert, darf sich mit diesem Wiederbewußtmachen der Bezugsgruppe eine Förderung der beabsichtigten Einstellungsbeeinflussung erhoffen. Für den Erziehungsbereich gilt dementsprechend, daß der Erzieher bei allen Versuchen der Beeinflussung von Einstellungen sich der für die betreffenden Einstellungen relevanten Bezugsgruppen bewußt sein muß. Er muß abzuschätzen versuchen, wie stark sich der Educandus dieser Gruppe zugehörig fühlt und wo Unverträglichkeiten dieser Gruppennormen mit seinen Beeinflussungsversuchen liegen. Eine Einstellungsänderung von diesen Gruppennormen weg kann nur durch den Versuch, die Bedeutung dieser Gruppe abzuschwächen und eine andere Bezugsgruppe anzubieten, erfolgreich sein. Ein Schüler, der unter dem Einfluß schlechter Gesellschaft unerwünschte Einstellungen bildet, kann eher dadurch gebessert werden, daß man versucht, ihm eine neue, andere Bezugsgruppe zu bieten, seine Zugehörigkeit zu einer anderen Gruppe mehr zu betonen als durch Konfrontation der Erzieher-Einstellungen mit den Schüler-Einstellungen. Wichtig erscheint dabei auch die Frage, wer diese verschiedenen Bezugsgruppen repräsentiert. Untersuchungen über die Ausbreitung von Einstellungen und Meinungen haben nämlich gezeigt, daß Personen gewöhnlich Informationsabnehmer bei einem oder mehreren sogenannten Meinungsführern sind. Diese sind in ihren Gruppen kompetent für bestimmte Fachgebiete (vgl. Katz, E. und Lazarsfeld, P. F., 1962). Der Versuch, die subjektive Bedeutung einer Bezugsgruppe zu schmälern und die einer anderen zu stärken, bedeutet dann gleichzeitig, die soziale Stellung verschiedener Personen zu verändern, die Funktion der Meinungsführung auf bestimmten Fachgebieten bei einigen zu stärken, bei anderen zu schmälern.

Literatur

Abelson, R. et al. (Hrsg.): Theories of cognitive consistency. Chicago 1968

Adorno, Th. W.: Erziehung zur Mündigkeit. Frankfurt a. M. 1971

Allport, G. W.: Persönlichkeit. Struktur, Entwicklung und Erfassung der menschlichen Eigenart. Stuttgart 1949

Arnold, W.: Begabung und Bildungswilligkeit. München, 1968

Arnstine, D. G.: Some Problemes in Teaching Values. In: Educational Theory Vol. XI, Jg. 1961, April, S. 158 ff.

Asch, S. E.: Social Psychology. Englewood cliffs, N. J. 1952

Assel, H.-G.: Die Perversion der politischen Pädagogik im Nationalsozialismus. München 1969

Auernheimer, G. u. Doehlemann, M.: Mitbestimmung in der Schule. München 1971

Ausubel, D. P.: Das Jugendalter. München 1969

Banaschewski, A.: Ordnungen, Umgang, Sitten und Bräuche im Schulleben. In: Hdb. f. Lehrer, Bd. 3: Die Erziehung in der Schule. Hrsg.: W. Horney u. W. Schultze, Gütersloh 1963 (405—465)

Bandura, A., Walters, R. H.: Social learning and personality development. New York 1963

Beck, C. M., Crittenden, B. S. u. Sullivan, E. V. (Hrsg.): Moral education. Toronto 1971

Bollnow, O. F.: Einfache Sittlichkeit. Göttingen 1947

Bollnow, O. F.: Wesen und Wandel der Tugenden. Frankfurt a. M. 1958

Brehm, J. W.: Attitudinal consequences of commitment to unpleasant behavior. J. Abnorm. Soc. Psych. 1960

Brehm, J. W. und Cohen, A. R.: Explorations in cognitive dissonance. New York — London 1962

Brezinka, W.: Die Pädagogik der Neuen Linken. Suttgart 1972

Buber, M.: Über Charaktererziehung. In: Reden über Erziehung. Heidelberg 1953

Caesar, B.: Autorität in der Familie. Ein Beitrag zum Problem schichtenspezifischer Sozialisation. Reinbek bei Hamburg 1972

Cronbach, L. J.: Einführung in die Pädagogische Psychologie. Weinheim/Berlin/Basel 1971

Derbolav, J.: Versuch einer wissenschaftstheoretischen Grundlegung der Didaktik. In: Didaktik in der Lehrerbildung. 2. Beiheft der „Zeitschrift für Pädagogik" 1960

Deutscher Bildungsrat: Strukturplan für das Bildungswesen. Stuttgart 1972[4]

Dietrich, G.: Bildungswirkungen des Gruppenunterrichts. Persönlichkeitsformende Bedeutung des gruppenunterrichtlichen Verfahrens. München 1969

Dreeben, R.: The contribution of schooling to the learning of norms. Harvard Educational Review. Jg. 1967, 37 (2), 211—37

Dürr, O.: Probleme der Gewissens- und Gesinnungsbildung. Heidelberg 1962

Dumke, A.: Der Unterricht im Dienste der Erziehung. In: Erziehung in der Schule, Hrsg. W. Horney, u. a.: Hdb. f. Lehrer, Bd. 3, Gütersloh 1963 (504—520)

Erlinghagen, K.: Sittliche Erziehung. In: Päd. Lexikon. Bd. 2, Hrsg. W. Horney, u. a., Gütersloh 1970 (1018 f.)

Fechner, E.: Über die Begründung einer neuen Sittlichkeit. Aus einem Vortrag im SWF. In: Pädagogische Welt, Jg. 1972/9, S. 571

Fend, H.: Sozialisierung und Erziehung. Weinheim/Berlin/Basel 1969

Festinger, L.: A theory of cognitive dissonance. Stanford 1963[6]

Festinger, L.: Conflict, decision and dissonance. Stanford 1964

Festinger, L. und Carlsmith, J. M.: Cognitive consequences of forced compliance. J. Abnorm. Soc. Psychol. 1959

Fichter, J. H.: Grundbegriffe der Soziologie. Wien/New York 1969[2]

Fischer, W.: Zur pädagogischen Bedeutung der Sitte. In: Vierteljahresschrift für wissenschaftliche Pädagogik. Jg. 1965, H. 1 (29—52)

Fischer, W.: Was ist Erziehung? München 1966

Friedl, A.: Demokratisierung der Schule — eine Utopie? Frankfurt a. M. 1971

Froese, L.: Zum methodischen Problem der sittlichen Erziehung. In: Pädagogische Rundschau, Jg. 1961 (37 ff.)

Gamm, H.-J.: Kritische Schule. Eine Streitschrift für die Emanzipation von Lehrern und Schülern. München 1970

Geißler, E. E.: Herbarts Lehre vom erziehenden Unterricht. Heidelberg 1970

Giesecke, H.: Einführung in die Pädagogik. München 1969

Giesecke, H.: Die Jugendarbeit. München 1971

Gottschalch, W., Neumann-Schönwetter, M. u. Soukop, G.: Sozialisationsforschung. Materialien, Probleme, Kritik, Frankfurt a. M. 1971 (Tb.)

Graumann, C. F.: Eigenschaften als Problem der Persönlichkeitsforschung. In: Hdb. f. Psychologie, Bd. 4: Persönlichkeitsforschung und Persönlichkeitstheorie. Hrsg.: Ph. Lersch u. H. Thomae. Göttingen 1960 (S. 87—154)

Grindner, R. E.: New Techniques for Research in Children's

Temptation Behavior. In: Child Development, Vol. 32, 1961, S. 679—688

Groothoff, H.-H.: Erziehungsmethode. In: Pädagogisches Lexikon, Hrsg. H.-H. Groothoff u. M. Stallmann, Stuttgart 1961 (625—629)

Gründel, J.: Das Gewissen in moraltheologischer Sicht. In: Gewissen und Gewissenserziehung. Mit Beiträgen von O. Engelmayer, J. Gründel, A. Neuhäusler, F. Pöggeler, F. J. Scheidt, H. Schröter, Donauwörth 1968

Guttchen, R. S.: On Ethical Judgement and Education. In: Educational Theory. Vol. XII, Jg. 1962, April, S. 65 ff.

Habermas, J.: Pädagogischer ‚Optimismus‘ vor Gericht einer pessimistischen Anthropologie. In: Neue Sammlung. Jg. 1961

Habermas, J.: Thesen zur Theorie der Sozialisation. Stichworte und Literatur zur Vorlesung im Sommer-Semester 1968. Hektographiertes Mansukript. Frankfurt 1968

Habermas, J.: Technik und Wissenschaft als Ideologie. Frankfurt/Main 1969, 3. Aufl.

Hahn, K.: Erziehung zur Verantwortung. Stuttgart, o. J.

Hartshorne, H. und May, H. u. a.: Studies in the nature of character. Bd. I: Studies in deceit. Bd. II: Studies in service and self-control. Bd. III: Studies in the organization of character. New York 1928—1930

Harvey, O. J. (Hrsg.): Experience, structure and adaptability. New York 1966

Harvey, O. J. und Felknor, C.: Parent-child relations as an antecedent to conceptual functioning. In: Hoppe, R. A. Milton, G. A. und Simmel, E. C. (Hrsg.), Early experience and the process of socialization. New York 1970

Harvey, O. J., Hunt, D. E. und Schroder, H. M.: Conceptual systems and personality organization. New York 1961

Harvey, O. J., Reich, J. und Wyer, R. S.: Effects of attitude direction, attitude intensity, and structure of beliefs upon differentiation. J. Pers. Soc. Psychol., 1968, 10, 472—478

Havighurst, R. J. u. Taba, H.: Adolescent Character and Personality, New York/London 1949

Heider, F.: The psychology of interpersonal relations. New York 1965

Hentig, H. v.: Spielraum und Ernstfall. Gesammelte Aufsätze zur Pädagogik der Selbstbestimmung. Stuttgart 1969

Hentig, H. v.: Systemzwang und Selbstbestimmung. Stuttgart 1970

Heringer, H. J.: Neue Grammatik in der Grundschule. In: Didaktik der Grundschule. Sprachbildung und Sprachförderung (TR-Verlagsunion), München 1971)

Herrmann, Th. (Hrsg.): Psychologie der Erziehungsstile. Göttingen 1966

Hoffmann, M. L.: Childrearing practices and moral development: generalizations from empirical research. In: Child development. Jg. 1963, S. 295—318

Hoffmann, M. L.: Moral development. In: Mussen, P. H. (Hrsg.): Carmichael's manual of child psychology, Vol. II, New York 1970

Hofstätter, P. R.: Gruppendynamik. Hamburg 1965[7]

Holtmann, A. u. Reinhardt, S.: Schülermitverantwortung. Geschichte u. Ende einer Ideologie. Weinheim/Berlin/Basel 1971

Homans, G. C.: Social behavior: its elementary forms. New York 1961

Hovland, C. J., Janis, I. L. und Kelley, H. H.: Communication and persuasion. New Haven, Conn., Yale University Press 1953

Hovland, C. J., Lumsdaine, A. A., Sheffield, F. D.: Experiments on mass communication. Princeton, N. J. 1949

Hovland, C. J. und Weiss, W.: The influence of source credibility on communication effectiveness. Publ. Opin. Quart. 1952, 15

Hurlock, E. B.: Die Entwicklung des Kindes. Weinheim/Berlin/Basel 1970

Ingendahl, W.: Aufsatzerziehung als Hilfe zur Emanzipation. In: Der Deutschunterricht, Jg. 1970/5

Janis, I. L. und Feshbach, S.: Effects of fear arousing communications. J. Abnorm. Soc. Psych. 1953, 48

Janis, I. L. und King, B. T.: The influence of role-playing on opinion change. J. Abnorm. Soc. Psych. 1954, 49

Kant, I.: Beantwortung der Frage: Was ist Aufklärung? In: Berlinische Monatsschrift 1784, 12. Stück, Dezember, S. 481. In: Akademieausgabe, Bd. III, Berlin 1912, S. 33 ff.

Katz, E. und Lazarsfeld, P. F.: Persönlicher Einfluß und Meinungsbildung. München 1962

Kelley, H. H.: Salience of membership and resistance to change of group-anchored attitudes. Human Relat., 1955, 8

Kelley, H. H. und Volkart, E. H.: The resistance to change of group-anchored attitudes. Am. Soc. Rev. 1952, 17

Kerlinger, F. N.: Factor invariance in the measurement of attitudes toward education. Educ. Psychol. Measurement, 1961, 21, 273—285

Klafki, W.: Studien zur Bildungstheorie und Didaktik. 2. Aufl., Weinheim 1964; darin: Zum Problem der Erziehung zur Verantwortung (46—71)

Klafki, W., u. a.: Erziehungswissenschaft. Eine Einführung. 3 Bände, Frankfurt a. M. 1970 und 1971 (Tb.)

Klose, P.: Zur Entwicklung und Erziehung des Charakters. In: Grundschulkongreß 1969, Bd. II: Ausgleichende Erziehung in der Grundschule. Hrsg.: E. Schwartz 1970, S. 29—44

Kluckhohn, C.: Spiegel der Menschheit. Zürich 1951

Kohlberg, L.: The Development of Children's Orientation Toward a Moral Order. I. Sequence in the Development of Moral Thought. In: Vita humana (Basel, New York), Jg. 1963a, Vol. 6, S. 11—33

Kohlberg, L.: Moral Development and Identification. In: Child Psychology. The Sixty-second Yearbook of the National Society for the Study of Education. Hrsg.: H. W. Stevenson, J. Kagan, Ch. Spiker, u. a., Chicago III., 1963b (S. 277—332)

Kohlberg, L.: Development of Moral Character and Moral Ideology. In: Review of Child Development Research, Vol. I, Hrsg. M. L. Hoffmann u. L. W. Hoffmann. New York 1964, S. 383—431

Kohlberg, L.: Moral education in the schools: A developmental view. The School Review, Jg. 74, 1966, 1—30

Kohlberg, L.: The moral atmosphere of the school. In: N. Overley (ed.). The unstudied curriculum, Monograph of the Association for Supervision and Curriculum Development. Washington D. C. 1970

Kohlberg, L., Turiel, E.: Moralization research, the cognitive developmental approach. New York 1971

Köhler, W.: Psychologische Probleme. Berlin 1933

Krech, D., Crutchfield, R. S., Ballachey, E. L.: Individual in society. New York 1962

Kuckartz, W.: Sozialisation und Erziehung. Essen 1969

Kümmel, F.: Die Einsicht in das Gute als Aufgabe einer sittlichen Erziehung. Essen 1968

Lassahn, R. (Hrsg.): Das Schulleben. Bad Heilbrunn/Obb. 1969

Lersch, Ph.: Der Aufbau der Person. München 1956[7]

Lewin, K.: Principles of topological psychology. New York 1936

Lewis, M. M.: Sprache, Denken und Persönlichkeit im Kindesalter. Düsseldorf 1970

Loch, W.: Sprache. In: Handbuch pädagogischer Grundbegriffe. Bd. II. Hrsg. J. Speck u. G. Wehle, München 1970, S. 481—528

Metzger, W.: Psychologie in der Erziehung. Bochum 1971

Meyer, E. (Hrsg.): Neuer Stil in Schule und Unterricht. Stuttgart 1969

Mollenhauer, K.: Erziehung und Emanzipation. München 1970[4]

Morris, J. F.: Probleme des sozialen Lernens im Jugendalter. In: Das menschliche Lernen und seine Entwicklung. Hrsg.: Lunzer, E. A. u. Morris, J. F., Stuttgart 1971, S. 352—405

Nickel, H.: Merkmale eines nicht-autoritären Lehrerverhaltens und Probleme der praktischen Verwirklichung unter dem Gesichtspunkt einer Demokratisierung der Schule. In: Blätter für Lehrerfortbildung. Jg. 1971, S. 241 ff.

Odenbach, K.: Schulleben und Schultradition. In: Pädagogische Rundschau. Jg. 1954/55, H. 12, S. 535 ff.

Oerter, R.: Die Entwicklung von Werthaltungen während der Reifezeit. München/Basel 1966

Oerter, R.: Moderne Entwicklungspsychologie. Donauwörth 1969[4]

Oerter, R.: Struktur und Wandlung von Werthaltungen. München 1970

Parey, E.: Die Entwicklung des „moralischen Bewußtseins". In: Familienerziehung, Sozialschicht und Schulerfolg, hrsg. v. d. b:e Redaktion. Mit Beiträgen von B. Bernstein, u. a., Weinheim/Berlin/Basel 1971 (115—131)

Parsons, T.: Sozialstruktur und Persönlichkeit. Frankfurt a. M. 1968

Parsons, T.: Zur Theorie sozialer Systeme. Opladen 1972 (Tb.)

Peck, R. F. u. Havighurst, R. J.: The Psychology of Character Development. New York, 1964[4]

Petzelt, A.: Wissen und Haltung. Freiburg i. Br., 1961a[2]

Petzelt, A.: Grundlegung der Erziehung. Freiburg i. Br., 1961b[2]

Pfürtner, S. H.: Kirche und Sexualität. Reinbek b. Hamburg 1972

Piaget, J.: Das moralische Urteil beim Kind. Zürich 1954

Pressey, S. L. und Kuhlen, R. G.: Psychological development through the life span. New York 1957

Reiner, H.: Die philosophische Ethik. Heidelberg 1964

Robinsohn, S. B.: Ein Struktur-Konzept für Curriculum-Entwicklung. In: Zeitschrift f. Pädagogik, 15, 631 f.

Robinsohn, S. B.: Bildungsreform als Revision des Curriculums. Neuwied, 1971[3]

Robinsohn, S. B.: Schulreform im gesellschaftlichen Prozeß. Stuttgart 1972

Rösel, M.: Pädagogische Dimensionen der Dialektik von Individuum und Gesellschaft. Essen 1972

Rössner, L.: Erziehung in der Gesellschaft. Braunschweig 1972

Roth, E.: Einstellung als Determination individuellen Verhaltens. Göttingen 1967

Roth, E.: Persönlichkeitspsychologie. Stuttgart 1969

Roth, H.: Pädagogische Anthropologie. Bd. II: Entwicklung und Erziehung. Hannover 1971

Scarbath, H.: Emanzipation. In: Pädagogisches Lexikon, Bd. 1, Hrsg.: W. Horney, u. a., Gütersloh 1970, S. 673 ff.

Schaal, H.: Sittliche Erziehung. Essen 1968

Schaller, K.: Studien zur systematischen Pädagogik. Darin: Prolegomena zu einer Theorie der sittlichen Erziehung. Heidelberg 1966, S. 64 ff.

Scheibe, W.: Die reformpädagogische Bewegung 1900—1932, Weinheim/Berlin/Basel 1971[2]

Schlottmann, U.: Primäre und sekundäre Individualität. Stuttgart 1968

Schmidt, G. R.: Die Wert- und Zielproblematik in der amerikanischen Curriculum-Theorie seit 1950. In: Zeitschrift für Pädagogik. Jg. 1971, S. 31—54

Schwenk, B.: Das Herbartverständnis der Herbartianer. Weinheim 1963

Secord, P. F., Backman, C. W.: Social Psychology. New York 1964

Smith, L. M., Hudgins, B. B.: Pädagogische Psychologie. II. Stuttgart 1971

Spaemann, R.: Autonomie, Mündigkeit, Emanzipation. Zur Ideologisierung von Rechtsbegriffen. In: S. Oppolzer (Hrsg.): Erziehungswissenschaft. Wuppertal/Ratingen 1971, S. 317 ff.

Spranger, E.: Lebensformen. Geisteswissenschaftliche Psychologie und Ethik der Persönlichkeit. Tübingen 1950

Spranger, E.: Menschenleben und Menschheitsfragen. München 1963

Steindorf, G.: Einführung in die Schulpädagogik. Bad Heilbrunn/Obb. 1972

Sutton-Smith, B. und Roberts, J. M.: Rubrics of competitive behavior. J. Genet. Psychol., 1964, 105, 13—37

Sutton-Smith, B., Roberts, J. M. und Kozelka, R. M.: Game involvement in adults. J. Soc. Psychol. 1963, 60, 15—30

Tausch, R. u. A.: Erziehungspsychologie. Göttingen, 1970[5]

Trillhaas, W.: Ethik. Berlin 1965[2]

Turiel, E.: Developmental processes in the child's moral thinking. In: P. Mussen, J. Langer and M. Covington (eds.) Trends and issues in developmental psychology, New York 1969, 92—131

Walz, U.: Soziale Reifung in der Schule. Hannover 1968[3]

Ware, R. und Harvey, O. J.: A cognitive determinant of impression formation. J. Pers. Soc. Psychol., 1967, 7, 38—44

Weber, E.: Läßt sich die sittliche Erziehung methodisieren? In: Vierteljahresschrift für wissenschaftliche Pädagogik, Jg. 1963, H. 2 (102—116)

Weber, E.: Erziehungsstile. Donauwörth 1972a[3]

Weber, E. (Hrsg.): Pädagogik. Eine Einführung. 4 Bände, 1 Bd.: E. Weber: Grundfragen und Grundbegriffe. Donauwörth 1972b

Weber, E.: Autorität im Wandel. Die Problematik der antiautoritären Erziehung. Donauwörth, voraussichtlich (Frühjahr) 1973

Weischedel, W.: Vom Wesen der Verantwortung. Frankfurt a. M. 1958

Wellek, A.: Die Polarität im Aufbau des Charakters. Bern 1950

Wenke, H.: Der erziehende Unterricht. In: Geißler, G. u. H. Wenke: Erziehung und Unterricht in Theorie und Praxis. Weinheim 1960

Wilhelm, Th.: Theorie der Schule. Stuttgart 1969²

Wilhelm, Th. (Hrsg.): Demokratie in der Schule. Göttingen 1970

Wurzbacher, G. (Hrsg.): Der Mensch als soziales und personales Wesen. Stuttgart 1963

Wurzbacher, G.: Beruf und Schule als Faktoren sozio-kultureller und personaler Strukturierung und Veränderung. In: Th. Scharmann (Hrsg.): Schule und Beruf als Sozialisationsfaktor. Bd. 2, Stuttgart 1966, S. 74 ff.

Sachregister

Autoren

Weber, Erich, Dr. phil., Dipl.-Psych.;
geb. 1927; Lehrer, Studium der Pädagogik, Psychologie, Anthropologie, Philosophie; Habilitation 1963; o. Prof. für Pädagogik, Philosophischer Fachbereich I der Universität Augsburg;
Wichtigste Veröffentlichungen:
Das Freizeitproblem, anthropologisch-pädagogische Untersuchungen. München/Basel 1963, spanische Übersetzung: Madrid 1969;
Die Freizeitgesellschaft und das Buch. Literaturpädagogische Aufgaben der Schule. München 1967;
Die Verbrauchererziehung in der Konsumgesellschaft. Essen 1967, (2. Auflage 1969);
Wirtschaftspädagogische Aspekte. Bonn 1970;
Der Erziehungs- und Bildungsbegriff im 20. Jahrhundert (Quellentextband). Bad Heilbrunn/Obb. 1969 (2. Auflage 1972);
Erziehungsstile. Donauwörth 1970 (5. Auflage 1974);
Pädagogik. Bd. 1: Grundfragen und Grundbegriffe. Donauwörth 1972 (4. Auflage 1974);
Autorität im Wandel. Autoritäre, antiautoritäre und emanzipatorische Erziehung. Donauwörth 1974

Kopp, Ferdinand;
geb. 1906; von 1926 bis 1956 Lehrer und Rektor an verschiedenen Volksschulen; seit 1956 an der Pädagogischen Hochschule, jetzt Erziehungswissenschaftlicher Fachbereich der Universität München; zuletzt als Oberstudiendirektor und Honorarprofessor mit dem Lehrauftrag Allgemeine Didaktik;
Mitarbeiter an den bayerischen Lehrplänen von 1950 bis 1971 und an zwei Ausschüssen des Deutschen Bildungsrates;
Wichtigste Veröffentlichungen (außer zahlreichen Aufsätzen und Lexikonbeiträgen):
Didaktik in Leitgedanken. Donauwörth 1965 (5. Auflage 1975);
Methodik des Heimatkundeunterrichts. München (3. Auflage 1964);
Von der Heimatkunde zum Sachunterricht. Donauwörth 1972;
Didaktik der Sozialkunde. Donauwörth 1962;
Sinn und Grenzen musischer Erziehung. München 1964

Oerter, Rolf, Dr. phil.;
geb. 1931; Tätigkeit als Lehrer und Heimerzieher. Studium der Psychologie an der Universität Würzburg. Diplom, Pro-

motion und Habilitation im Fach Psychologie. Seit 1969 o.
Professor an der ehemaligen Pädagogischen Hochschule Augsburg und am jetzigen Erziehungswissenschaftlichen Fachbereich der Universität Augsburg.
Leiter des Instituts für Unterrichtsforschung und der Zentralstelle für Programmierte Unterweisung.
Buchveröffentlichungen:
Die Entwicklung von Werthaltungen während der Reifezeit.
München 1966;
Moderne Entwicklungspsychologie. Donauwörth 1967 (14.
Auflage 1974);
Struktur und Wandlung von Werthaltungen. München 1970;
Psychologie des Denkens. Donauwörth 1971 (3. Auflage 1972);
Mitherausgeber der Schriftenreihe „Pädagogisch-psychologische Forschung". München

Giehrl, **Hans** E., Dr. phil.;
geb. 1928; nach Studium der Pädagogik, Psychologie, Germanistik und Geschichte Lehrer an verschiedenen Schularten.
Seit 1965 im Hochschuldienst. Derzeit o. Prof. für Didaktik der deutschen Sprache und Literatur an der Erziehungswissenschaftlichen Fakultät der Universität Regensburg.
Veröffentlichungen:
Der junge Leser. Donauwörth 1968 (2. Auflage 1972);
Volksmärchen und Tiefenpsychologie. München 1970;
Das Gedicht in der Hauptschule. München 1971;   .
Herausgeber von Lesebüchern und Sprachbüchern;
zahlreiche Aufsätze zur Sprech- und Literaturdidaktik in Sammelbänden und Zeitschriften

Gehlert, Siegmund, Dipl.-Psych.;
geb. 1943; Studium der Psychologie und Pädagogik; Wiss.
Ass., Philosophischer Fachbereich I der Universität Augsburg

Freyn, Walter, Dipl.-Psych.;
geb. 1939; Studium der Psychologie und Pädagogik; wiss. Mitarbeiter am Hochschuldidaktischen Zentrum der Universität Augsburg